내용과 형식 모두 독특하고도 흥미로운가 하면, 철학적·성경적으로 원숙하면서도 시대의 흐름에 민감한 변증서 겸 전도용 안내서가 등장했다! 전제론적 변증론은 주권자 하나님과 무오한 성경을 '전제'한다는 굉장한 통찰력에도 불구하고 삶의 현장에서 복음 전도적 실효성을 발휘하지 못한다는 비난을 받아왔다. 이 책은 그런 우려를 불식시킨다. 이 책자가 변증가들에게는 변증적 이론을 실제 상황 가운데 풀어나가는 구체적 방안을, 일반 지도자들에게는 기독교의 복음이 오늘날의 상대주의적 소용돌이 속에서도 여전히 빛나는 구원의 진리라는 확신을, 기독 신앙에 대해 회의와 의구심을 품은 교회 안팎의 사람들에게는 열린 비판 정신을 선사하리라고 굳게 믿는다.

송인규 한국교회탐구센터 소장, 전 합동신학대학원대학교 조직신학 교수

이 책은 성경의 스타일을 살리면서도 현대의 언어로 옷 입고 있다. 저자가 직접 회의론자가 되어 기독교에 대해 답을 찾아가는 것처럼 서술되어 있다. 저자는 기독교 신앙의 어려운 질문들을 덮어두고 마냥 믿으라고 하지 않는다. 현대 사상과 유행에 맞춰서 답변하느라 성경을 무시하지도 않는다. 오히려 그는 정공법을 택한다. 성경 자체가 가진 내적인 힘에 의존하는 것이다. 그런데 그것이 신자들뿐 아니라, 기독교 신앙을 아직 잘 모르는 이들에게도 큰 호감을 불러일으킬 것만 같다. 성령께서 성경에 근거한 주장을 사용하신다는 그의 확신에 찬사를 보낸다. 근래에 보기 힘들 정도로 복음의 따스함과 엄밀한 논리성이 조화를 이룬 탁월한 변증서이다.

우병훈 고신대학교 신학과 교수, 『룻기, 상실에서 채움으로』 저자

존 프레임은 자신이 불신자와 대화하는 일에 서툴다고 말해 왔다. 그런데 이 책을 보니 그 생각이 잘못된 것 같다. 이 책은 개인적이며 설득력이 있다. 또한 현실을 사는 사람들에게 실질적인 질문을 던진 후 탄탄하고 성경적인 답을 제시한다. 이 책을 여러 권 구매해 기독교에 대해 알고 싶어 하거나 알아야 할 친구들에게 나눠 줄 계획이다. 존 프레임, 고맙네.

윌리엄 에드가 웨스트민스터 신학교 변증학 교수

기독교를 믿지 않는 구도자들에게 건넬 탁월한 책이 나왔다. 이 책은 전제적 변증론이 실제로 불신자들을 어떻게 설득하는지 제대로 보여준다.

번 포이트레스 웨스트민스터 신학교 신약해석학 교수

대단히 참신한 이 책은 불신자들에게 기독교가 진짜라고 믿어야 할 훌륭한 근거를 제시하면서 예수 그리스도를 믿기 시작한다는 것이 무슨 의미인지 통찰력 있게 설명한다. 또한 (특히 철학자들에게서) 제기되는 기독교에 대한 흔한 질문에 답하고, 그리스도인들이 인생에서 중요한 모든 문제에 대해 왜 다르게 생각하는지 설명한다. 이 책은 기독교에 대해 배우기 원하는 불신자, 그리고 불신자들이 어떻게 생각하는지 알고 싶은 그리스도인 모두를 위한 탁월한 자료가 될 것이다.

웨인 그루뎀 피닉스 신학교 신학 및 성서학 연구교수

아브라함 카이퍼의 전체론적 관점, 코넬리우스 반틸의 인식론적 세련미, 존 머레이의 성경신학, 존 스토트의 매력적인 작문 실력을 섞은 듯한 기독교 변증을 생각해보라. 더 나아가 이 변증이 철학적이고 심리학적인 통찰, 즉 세상을 어떻게 이해해야 하는지에 대한 성경 속 함의를 평생 연구한 끝에 얻을 수 있는 통찰이 포함되어 있다고 상상해보라. 이를 상상하는 게 가능할지 모르겠지만 바로 이 책에 그러한 변증이 담겨 있다. 이 책은 그야말로 한 권의 보석과 같다. 부디 성령께서 이 책을 사용하셔서 많은 사람이 그리스도에 대한 구원의 믿음을 갖도록 인도하시길 바란다. 그리스도 그분 안에는 지혜와 지식의 모든 보화가 숨겨져 있다.

제임스 N. 앤더슨 리폼드 신학교 신학 및 철학과 부교수

기독교를 생각하다

CHRISTIANITY
CONSIDERED

기독교를 생각하다

/
존 프레임

기독교를 회의하는 구도자를 위한 안내서

Christianity Considered: A Guide for Skeptics and Seekers

Copyright © 2018 John M. Frame
Originally published in English under the title:
Christianity Considered: A Guide for Skeptics and Seekers
published by the permission of Lexham Press,
1313 Commercial St., Bellingham, WA 98225, U.S.A.
All rights reserved.

This Korean translation copyright © 2021 by GoodSeed Publishing, Seoul, Korea

기독교를 생각하다

초판 1쇄 인쇄 2021년 6월 15일
초판 1쇄 발행 2021년 6월 25일

지은이 존 M. 프레임
옮긴이 김효남
펴낸이 신은철
펴낸곳 좋은씨앗
출판등록 제4-385호(1999. 12. 21)
주소 서울시 서초구 바우뫼로 156, 402호
전화 (02)2057-3041 팩스 / (02)2057-3042
전자메일 good-seed21@daum.net
페이스북 facebook.com/goodseedbook

ISBN 978-89-5874-353-8 03230

이 한국어판의 저작권은 Lexham Press와 독점계약한 좋은씨앗에 있습니다. 신저작권법에 의해 한국 내에서 보호받는 저작물이므로 무단 전재와 무단 복제를 금합니다.

나의 학생들에게

차례

프롤로그 13
서문 17

1장 지적 급진주의로서의 기독교 23
2장 기독교가 주장하는 진리를 진지하게 고려해야 하는 이유 29
3장 오늘날 기독교를 믿는 것이 어려워 보이는 이유 37
4장 믿음과 자율성 47
5장 어떤 이유로 무언가를 믿는다는 것 59
6장 믿음, 의지, 느낌 67
7장 성경 속 하나님의 유일성 77
8장 왜 하나님을 믿는가? 87
9장 옳음, 그름, 그리고 하나님 93
10장 옳음, 그름, 그리고 믿음 105
11장 만물이 하나님에 대한 증거다 111
12장 하나님은 우리에게 말씀하시는가? 123
13장 거룩한 책 129
14장 하나님의 기록된 말씀 137
15장 예수님 145

16장 예수님의 죽음 153

17장 예수님의 부활 163

18장 성령 171

19장 성경 읽기 175

20장 기도 183

21장 교회 출석 189

22장 세상 속에 있는 교회 195

23 종교 201

24장 철학 205

25장 도덕 209

26장 정치 217

27장 과학 223

28장 예수님의 재림 227

29장 맺음말 233

미주 237
참고 문헌 243
성경 색인 245

● 일러두기

1. 본문에 사용된 성경 구절은 주로 대한성서공회 새번역성경을 사용했고, 다른 역본을 사용한 경우에는 해당 역본을 표기했다.
2. 단행본 등의 출판물은 『 』, 논문은 「 」, 영상 미디어 매체는 《 》 표기를 사용했다.

프롤로그

우리의 복음이 가려 있다면, 그것은 멸망하는 자들에게 가려 있는 것입니다. 그들의 경우를 두고 말하면, 이 세상의 신이 믿지 않는 자들의 마음을 어둡게 하여서, 하나님의 형상이신 그리스도의 영광을 선포하는 복음의 빛을 보지 못하게 한 것입니다.…

그러나 우리는 성숙한 사람들 가운데서는 지혜를 말합니다. 그런데 이 지혜는, 이 세상의 지혜나 멸망하여 버릴 자들인 이 세상 통치자들의 지혜가 아닙니다. 우리는 비밀로 감추어져 있는 하나님의 지혜를 말합니다. 그것은, 하나님께서 우리를 영광스럽게 하시려고, 영세 전에 미리 정하신 지혜입니다. 이 세상 통치자들 가운데는, 이 지혜를 아는 사람이 하나도 없습니다. 그들이 알았더라면, 영광의 주님을 십자가에 못 박지 않았을 것입니다.

그러나 성경에 기록한 바 "눈으로 보지 못하고 귀로 듣지 못한 것들, 사람의 마음에 떠오르지 않은 것들을, 하나님께서는 자기를 사랑하는 사람들에게 마련해 주셨다" 한 것과 같습니다. 하나님께서는 성령을 통하여 이런 일들을 우리에게 계시해 주셨습니다. 성령은 모든 것을 살피시니, 곧 하나님의 깊은 경륜까지도 살피십니다. 사람 속에 있는 그 사람의 영이 아니고서야 누가 그 사람의 생각을 알 수 있겠습니까? 이와 같이, 하나님의 영이 아니고서는 아무도 하나님의 생각을 깨닫지 못합니다. 우리는 세상의 영을 받은 것이 아니라 하나님에게서 오신 영을 받았습니다. 그것은, 하나님께서 우리에게 은혜로 주신 선물들을 우리로 하여금 깨달아 알게 하시려는 것입니다. 우리가 이 선물들을 말하되, 사람의 지혜에서 배운 말로 하지 아니하고, 성령께서 가르쳐 주시는 말로 합니다. 다시 말하면, 신령한 것을 가지고 신령한 것을 설명하는 것입니다.

그러나 자연에 속한 사람은 하나님의 영에 속한 일들을

받아들이지 아니합니다. 그런 사람에게는 이런 일들이 어리석은 일이며, 그는 이런 일들을 이해할 수 없습니다. 이런 일들은 영적으로만 분별되기 때문입니다. 신령한 사람은 모든 것을 판단하나, 자기는 아무에게서도 판단을 받지 않습니다. "누가 주님의 마음을 알았습니까? 누가 그분을 가르치겠습니까?" 그러나 우리는 그리스도의 마음을 가지고 있습니다.

사도 바울

서문

나는 기독교 변증, 즉 기독교 진리에 대한 변론을 주제로 다수의 책과 논문을 썼습니다.[1] 하지만 이 책은 기존의 저작들과는 상당히 다릅니다. 이전의 것들은 대개 그리스도인들을 대상으로 썼고, 그들이 성경적인 변증을 개발하도록 돕는 데 목적이 있었습니다. 하지만 이 책은 구도자들을 대상으로 합니다.

나는 반틸의 전제주의 학파가 가장 건전하고 포괄적인 변증 방법론을 제시한다고 믿습니다. 하지만 이 운동에 속한 문헌 중에는 성경의 진리를 제시하고 변론하려는 목적으로 비그리스도인들에게 줄 책이 거의 없습니다. 물론 코넬리우스 반틸이 쓴 「나는 왜 하나님을 믿는가」(Why I Believe in God?)[2]라는 탁월한 소논문이 전도용 소책자로 출판되기도 했습니다. 하지만 그의 다른 작품들은 그리스도인, 그중에서도 주로 신학생을 대상으로 합니다. 반틸과 그의 변증학에 대한 대부분의 2차 자료도 마찬가지입니다. 고(故) 그렉 반센(Greg Bahnsen)은 이 변증학을 대중에게 알리려 노력했는데, 그가 한 수고의 열매는 그의 강의와 논쟁을 녹음한 테이프에 담겨 있습니다.[3] 하지만 활자로 인쇄된 작품들도 필요합니다. 이 책을 통해 나는 이런 필요를 충족시키려 합니다.

이런 목적을 염두에 두고 있기에 변증학적 방법론 문제를 노골적으로 다룰 생각은 없습니다. 물론 이 주제에 대한 나의 관점은 변하지 않았습니다. 이 책에서 사용한 방법은 다른 곳에서 내가 변론했던 방식과 일치합니다. 하지만 이 책에서는 방법론이 수면 위로 드러나지 않도록 할 것입니다. 독자들을 위해 분명하게 정의하려 노력한 몇 가지 신학적인 표현을 제외하고는 전문 용어도 사용하지 않았습니다. 나의 목표는 신학자들의 언어가 아니라 기독교에 관심이나 의구심을 갖는 사람들의 언어로 말하는 것입니다. 내가 이 목표를 이루지 못한다면, 다른 누군가 도전하길 격려하고 싶습니다.

또한 가능하면 간략하게 쓰려 합니다. 지금까지 나는 다양한 분량의 신학 저서들을 저술했습니다. 주권신학 시리즈에 포함된 방대한 분량의 책들, 두꺼운 책인 『존 프레임의 조직신학』(부흥과개혁사 역간), 얇은 책인 『조직신학개론』(개혁주의신학사 역간), 그리고 지금 이 책이 있습니다. 이 책은 변증적인 성격을 띠지만 새신자들을 위한 기독교 교리 입문서로 사용될 수도 있습니다.

내가 철학을 공부했기에, 이 책의 구조는 다른 변증서들과는 달리 신학적이기보다 더욱더 철학적일 것입니다. 누군가 그리스도를 믿어야 할 이유가 무엇인지 질문할 때, 나는 그 사람에게 무언가를 안다고 어떻게 주장할 수 있는지 묻고 싶습니다. 처음부터 시작해 보자는 것이지요. 우리가 지식, 이성, 증거, 전제, 가설, 추론 등에 대해 어떤 가정을 내리고 있기에 우리의 결론은 이런저런 방식으로 왜곡될 때가 많습니다. 그리스도인이 그렇게 할 때, 반대자들은 대개 그리스도인들이 편견에 사로잡혔다고 공격하곤 합니다. 하지만 때론 그러한 공격을 펼치는 자들은 역공을 받을 수도 있습니다.

이 책에서 나는 지식론(theory of knowledge)이라 할 수 있는 인식론(epistemology)도 논쟁과 토론의 대상으로 삼을 것입니다. 이것은 논의되어 온 세월 내내 논란이 되었던 주제입니다. 나는 지식론 논쟁에 대한 답을 당연히 여길 때보다는 지식론을 진지한 논쟁의 주제로 생각할 때 기독교를 보다 강력히 옹호할 수 있다고 믿습니다. 그래서 나는 하나님, 성경의 권위 등과 같은 핵심 주제들을 다루기에 앞서 1-5장에서 지식의 본질에 대해 논의할 것입니다.

이처럼 구조가 특이하다는 점 외에 이 책의 논증 또한 비전통적인 방식으로 전개될 것입니다. 내가 쓴 저작들을 포함해 다른 여러 변증서들을 읽으면서 느낀 점이 하나 있습니다. 이 책들의 논증이 실제 내가 설득력 있다고 느낀 고찰과는 상관없는 경우가 간혹 있더라는 것입니다. 물론 이 변증서들을 기록하면서 나를 포함한 변증서 저자들은 전통적인 변증학 질문을 공정하게 다루려 노력했습니다. 신 존재 증명, 역사적 증거, 악의 문제에 대한 대답 등이 그것에 해당합니다.

하지만 나 자신이 의심의 시기를 보내고 하나님의 은혜

로 회복되었을 때, 이런 일반적인 주장들은 거의 도움이 되지 못했습니다. 물론 이런 주장이 전혀 의미가 없다는 것은 아닙니다. 나 개인에게 미친 영향을 근거로 이런 주장들의 가치를 쉽게 판단하지 않도록 조심해야겠지요. 이런 주장들이 오랜 세월 많은 사람에게 도움을 준 것은 분명한 사실입니다. 계속해서 앞으로도 합당한 지위를 가질 것입니다. 그리고 이 책에서 이 주장들을 완전히 배제하려는 마음도 없습니다. 이 책과 앞서 썼던 책 사이에 서로 겹치는 내용도 있을 것입니다. 하지만 나는 여기서 기존과는 다른 접근법을 사용하려 합니다. 즉, 내 사고 속에서 표준적인 주장들보다 더 중요한 역할을 하고 있는 몇 가지 개념을 강조하는 것입니다.

또한 나는 이 책에서 사용하는 일반적이지 않은 접근 방식이 성경의 논증 방식에 좀더 근접하다고 믿습니다. 나는 우리의 변증이 성경의 지배 아래 있어야겠지만 성경의 스타일만 사용해야 한다는 입장은 아닙니다. 하지만 성경의 스타일을 알고 자유롭게 사용하며 현대 언어에서 그 스타일에 기능적으로 상응하는 것을 찾을 줄 안다면 분명 유익이 있을 것입니다.

물론 사람들을 믿음으로 인도하는 데 훨씬 더 중요한 것은 하나님의 영입니다. 우리 주님께서는 "누구든지 다시 나지 않으면 하나님 나라를 볼 수 없다"(요 3:3)고 말씀하셨습니다. 성령께서는 주장들을 사용하십니다. 하나님 말씀 자체가 주장들로 가득 차 있기 때문입니다. 하지만 하나님의 영께서 듣는 자나 읽는 자의 마음에 믿음을 심지 않으시면 주장들의 실질적인 힘은 자취를 감추어 버릴 것입니다. 그래서 나는 이 탐구를 시작하면서 이렇게 기도합니다. "성령께서 이 책과 동행하셔서 독자들의 마음에 복음의 진리를 깊이 심어 주소서!"

1장
지적 급진주의로서의 기독교

완전히 다르게 생각하는 방식이 있다고 상상해 본 적이 있습니까? 지금은 도저히 상상할 수 없는 통찰력으로 우리를 인도하는 극단적인 혁신. 다른 방식으로는 불가능하다고 여겼던 것을 세상에서 볼 수 있게 해주고, 친구들과 공동체를 당황스럽게 만들더라도 비할 수 없는 만족을 주는 인생의 결정을 내리게 하는 그런 새로운 사고방식.

아마 여러분은 동굴에서 사는 사람들에 대한 플라톤의 예화를 기억할 것입니다. 그들은 어둠 속에서 계속 살고 싶어 하면서 실제로 빛을 본 사람들의 말을 믿지 않았습니다. 사람들 사이에서 그런 차이가 존재할 수 있을까요? '어둠 대 빛'과 같은 대조가 아니고서는 제대로 설명할 수 없는 그런 큰 차이 말입니다.

1960년대의 반체제 인사들은 마약을 그렇게 여겼습니다. 즉, 더 높은 수준의 의식으로 인도하는 문이자 더 높은 수준의 실재를 경험하게 하는 방법이라고 생각했습니다. 나는 그들이 구하던 것을 찾았을 거라고 생각하지 않습니다. 마약에 대한 경험은 삶 전체를 볼 때 깨달음을 주기보다는 파괴를 초래했습니다. 하지만 그들의 꿈은 여전히 살아 있습니다. 나는 우리 중 많은 이들이 같은 꿈을 꾸고 있지는 않은지 의심스럽습니다.

만약 우리가 새 마음을 얻을 수 있다 한들, 대체 어떻게 찾아야 할까요? 우리가 옛 생각에 갇혀 있는 한, 새 사고방식을 주장하는 것은 우스꽝스럽고 불가능해 보일 것이기 때문입니다. 동굴 속에서 평생을 산 사람들이 태양과 같은 빛이 있을 가능성을 어떻게 받아들이겠습니까?

아마도 새 마음은 하나의 선물(gift), 즉 초자연적으로 우리에게 주어지는 것일 겁니다. 나는 이것이야말로 궁극적인 대답이라고 생각합니다. 하지만 지금은 인간 편에서 갖춰야 할 것이 무엇인지 생각해보겠습니다. 탐구하기 위해서는 무엇보다 열린 마음이 필요합니다. 이는 무엇이 참되고 옳은지, 무엇이 가능하고 불가능한지에 대한 우리의 낡은 개념 중 적어도 몇 가지는 정확하지 않을 것이라는 가능성을 받아들이는 태도를 말합니다.

그리스도인들은 종종 보수적이며, 심지어 전통주의자일 경우도 있습니다. 그래서 많은 사람들은 기독교가 반동적인(reactionary) 이데올로기라고 생각합니다. 하지만 내가 이 책에서 변론하는 기독교는 보수적 또는 전통주의적이거나 반동적이기보다 오히려 급진적입니다. 기독교는 다른 무엇보다 심오하면서도 우리 존재의 뿌리까지 겸손하게 만드는 자기비판으로 우리를 초대합니다. 이런 자기비판은 반드시 포괄적이어야 합니다. 우리의 도덕적이고 종교적인 삶뿐 아니라 지적인 습관에도 적용되어야 합니다.

이 책에서는 하나님의 존재와 예수님의 부활처럼 익숙한 변증론 질문들을 탐색하되 좀 색다른 방식으로 제시하려 합니다. 물론 익숙한 주장이라 해서 아무런 가치가 없는 것은 아닙니다. 나는 어떤 부분에 있어서는 익숙한 주장에 의지할 것입니다. 하지만 핵심적인 주장을 전보다 발전시킬 때 전통을 더 개선할 수 있다고 믿습니다. 내가 특히 마음에 두고 있는 개선점은 두 가지입니다. 첫째는 과거에, 둘째는 현재와 미래에 초점을 맞추고 있습니다.

먼저 전통적인 변증학은 그리스도에 대한 초기 설교가 1세기 사람들에게 그토록 설득력을 발휘한 이유가 무엇인지 명확히 보여주는 데 실패했습니다. 그토록 많은 사람이 이 메시지가 전적으로 믿을 만하다고 생각한 이유가 무엇일까요? 신약성경의 기록을 보면 유신론적 증명이 나오지 않으며 복잡한 주장이 많지도 않습니다. 신약성경에 약술된 그리스도에 대한 설교가 사람들에게 굳은 확신을 준 것입니다. 이런 과정에 대한 인식론을 다소 이해하기 어려울 수 있습니다. 하지만 나는 새로운 빛이 그 위에 드리워질 수 있다고 생각합니다. 성경 고유의 독특하고 합리적인 구조를 밝혀 주는 빛 말입니다.

둘째, 나는 성경이 말하는 기독교의 독특하고 합리적인 구조가 현시대와 미래를 향한 기독교 메시지의 타당성이 좋은 평가를 받는 데 도움을 줄 것이라 믿습니다. 오늘날 많은 사람에게 기독교 변증학의 전통이 더 이상 설득력을 발휘하지 않는다는 사실은 의심의 여지가 없습니다. 앞으로 주장할 테지만, 전통적인 변증학이 지닌 신뢰성이 이

시대에 무너지면서 많은 사람들에게 신앙의 위기를, 어떤 이들에게는 믿음을 가지는 데 대한 절망감을 안겨주었습니다. 모더니즘과 포스트모더니즘은 기독교 신앙에 대한 전례 없는 장애물로 여겨졌습니다.

하지만 모더니즘과 포스트모더니즘이 던지는 반박을 꽤나 놀랍게 극복할 자원이 성경 자체의 변증론 속에 있습니다. 또한 가장 성경적인 변증론이 현시대에 가장 적합할 것이라는 사실도 적나라하게 드러날 것입니다. 사실 이것은 그리스도인들에게 놀라운 일이 아닙니다. 성경이 정말 하나님의 진리라면, 성경의 메시지는 언제나 신선하고 새롭고 능력이 있어 불신앙을 극복하고 믿음을 창조할 것이기 때문입니다.

내 견해를 말하자면, 전통적인 변증론은 성경 자체에 숨어 있는 변증을 반영했을 때에만 힘을 발휘했습니다. 반대로 그렇지 못했을 때는 언제나 약했습니다. 이런 연약함이 현대적인 도전에 부딪혀 극대화되었을 뿐입니다. 그러나 본질적으로 기독교 신앙은 항상 성경 고유의 인식론에 뿌리를 두었습니다. 보다 열등한 주장에 의지해 추가적인 확증을 구할 때조차 예외가 아니었습니다.

결국 중요한 것은 바로 여러분 각자가 기독교의 주장을 고려하는 것입니다. 내 견해에 의하면, 이것은 여러분의 영원한 생명과 죽음이 걸린 문제입니다. 지금 여러분의 견해로 이것은 단순히 여러분의 학문을 완성하는 문제일 수도 있겠지요. 하지만 여러분이 단지 학식을 쌓기 위해 이 책을 읽는다 하더라도 이 책의 성경적인 변증으로 여러분이 놀라게 되길, 상상했던 것보다 훨씬 더 많은 것을 이 책에서 발견하게 되길 바라고 기도합니다. 그것은 이 책이 제 머리에서 나온 통찰로 가득 차 있기 때문이 아닙니다. 이 책에 담긴 놀라운 사실들은 실제로 아주 오래된 것들입니다. 일반적으로 요즘 책에서는 잘 발견되지 않는 성경적 사고들이 담겨 있습니다.

이 책에서 내가 하고자 하는 것은 하나님을 아는 성경적인 방법을 현대적인 표현으로 제시하는 것입니다. 만약 이 목적을 이루면, 여러분에게 유익할 것이라고 믿어 의심치 않습니다. 이 책은 새 마음에 속한 자원을 여러분에게 열어주고, 여러분이 하나님의 새로운 세계로 나아갈 수 있게 도울 것입니다.

2장
기독교가 주장하는 진리를
진지하게 고려해야 하는 이유

새 마음을 향한 첫 번째 단계는 기독교의 주장들을 살펴보는 것입니다. 이번 장을 통해 여러분 마음속에 그런 의욕이 생기길 바랍니다.

기독교에 어느 정도 관심을 갖지 않고서는 제대로 교육을 받은 것이라 할 수 없습니다. 기독교는 서구 문화 형성에 본질적인 영향을 끼쳤기 때문입니다. 서구 문화 내에서 종교를 비롯해 예술, 철학, 과학, 경제, 정치학 등은 모두 어느 정도 기독교 개념의 발전이거나 기독교에 대한 반발이라 할 수 있습니다. 서양사에서 교회와 개인의 신앙은 정치적 논쟁과 무력 분쟁에서 중심 역할을 감당했습니다. 비서구권 문화의 경우, 그들의 최근 역사는 상당 부분 서양에 대한, 즉 기독교적 영향력에 대한 개방의 역사라 할 수 있습니다. 물론 그와 동시에 서양도 비서구적 사고방식과 생활 방식을 받아들이기 시작했습니다.

오늘날 세속적 사고를 하는 사람들이 기독교에 관심을 가지는 데에는 몇 가지 이유가 더 있습니다. 예를 들어 존경받는 과학자 몇 사람이 우주의 역사에 관한 빅뱅 이론과 성경의 창조론 사이에 중요한 유사점이 있음을 발견했습니다. 미국 복음주의 그리스도인들이 그들답지 않게 수동적인 입장을 취했던 세월이 한참이나 지난 후에 '기독교 우파'는 정치적 행동이 기독교의 상징임을 명확히 했습니다. 물론 오늘날 그들만큼이나 적극적인 기독교 좌파도 이 운동에 동참하고 있습니다.

어떤 사람들은 이슬람, 뉴에이지 신비주의, 동방종교, 이교도주의 등을 비롯한 여러 운동과 함께 기독교가 회복되면서 현시대가 새로운 종교의 시대를 맞이하고 있으며, 이는 지난 200년을 지배한 세속주의의 종말을 뜻한다고 주장할 것입니다. 반면 다른 사람들은 오늘날 이 사회는 그 어느 때보다 세속적이며, 종교인들은 자포자기한 채 자기 주장을 하고 있을 뿐이라고 말할 것입니다. 어떤 경우든 현대인의 삶에서 차지하는 종교의 위상에 대한 논쟁, 특히 서양 사회에서 기독교가 차지하는 위상에 대한 논쟁은 이 시대에 더 빈번하면서도 뜨겁게 제기되고 있습니다.

하지만 정녕 사실인가?

그렇기에 기독교를 잘 아는 것은 지성인에게 무척 중요합니다. 기독교의 교리, 경전, 윤리, 역사, 사회적이고 정치적인 영향력 등에 대해 말입니다. 하지만 무엇보다도 기독교가 정말 참된지, 또는 어느 정도나 참된지 분별하는 것이 중요합니다. 어떤 운동을 진지하게 연구하려면 그 운동에 대해 기술하고 분석할 뿐 아니라 평가를 내려야 합니다. 기독교를 평가하려면 기독교의 독특한 주장이 참인지 거짓인지 이성적인 판단을 해야 합니다.

당연히 여러 종류의 평가가 존재합니다. 예를 들어 기독교가 노예제 폐지에 미친 영향에 대해서는 찬사를 보내면서도 기독교 자체는 거짓이라고 믿을 수 있습니다. 기독교가 주장하는 진리는 부정적으로 평가하면서도 사회정의, 예술, 문학 등에 기여한 바는 긍정적으로 평가할 수 있겠지요. 그러나 평가 과정에서 진실성의 문제를 무시하기는 힘듭니다. 기독교의 가르침이 진실이 아니라면, 고의든 아니든 교회는 엄청나게 많은 사람을 속여 온 것이 되기 때문입니다.

겉으로 드러나든 그렇지 않든 종교에 대한 많은 논의는 다음과 같은 전제 위에서 진행되고 있습니다. 즉 종교는 일반적 의미에서의 진리와 아무런 관계가 없으며, 종교의 중요성은 단지 제의, 문학적 상상력과 사회적 양심 또는 정치적 영향력에 있을 뿐이라는 것입니다. 그러나 이런 전제가 다른 종교에는 적용될 수 있을지 모르지만, 기독교의 경우에는 해당되지 않습니다.

기독교는 무엇보다 진리에 대한 외침으로 세상 앞에 모습을 드러냅니다. 이는 다소 모호한 의미에서의 '종교적' 진리에 그치지 않습니다. 기독교는 그 자체로 역사적인 사건, 곧 우리가 보고 듣고 경험한 사건들에 기초해 있다고 주장함으로써 진리임을 주장합니다. 프린스턴 대학의 중세

사 강의가 기억나는군요. 유대인 학자 노만 캔터(Norman Cantor)는 이 강의에서 1세기의 다양한 신비 종교와 기독교의 차이점에 대해 논의했습니다. 기독교는 궁극적으로 성공한 반면, 신비 종교들은 왜 사라졌을까요? 캔터는 기독교와 신비 종교 사이의 몇 가지 유사점과 차이점을 밝혔습니다.

캔터가 보기에 교회를 궁극적인 성공으로 이끈 가장 두드러진 차이는 기독교가 역사적인 주장을 펼쳤다는 사실이었습니다. 다른 종교들은 죽었다가 부활하는 신들에 대해, 그리고 이생의 고통에서 벗어나는 것에 대해 말했습니다. 하지만 기독교는 한 실제 인물을 인간으로 오신 하나님이라 여기고 그의 죽음과 부활에 대한 목격자들의 증언이 사실이라고 주장했습니다. 실로 기독교는 잘 알려진 일련의 역사적 사건들, 즉 이스라엘 역사 가운데 이 사건을 두었습니다. 아담, 노아, 아브라함, 모세, 다윗, 그리고 예수가 그 가운데 있습니다.

캔터는 역사적인 주장들을 강조하는 데 온 힘을 쏟았습니다. 물론 역사적인 주장을 펼친다고 해서 반드시 그 운동이 성공하는 것은 아닙니다. 당연히 그 주장은 중요한 문제와 관련되어야 합니다. 그리고 무엇보다 사람들이 그 주장이 사실이라고 믿어야 합니다. 오류가 있거나 단지 그럴 듯해 보여서 믿는 관점을 지지하기 위해 박해 앞에서 목숨을 거는 사람은 없을 것입니다.

그리스도에 대한 이 진리 주장을 거부하는 것은 기독교를 뿌리부터 부정하는 것이며, 역사 속에서 소위 기독교가 이룬 모든 성취에 그림자를 드리우는 것입니다. 이 주장이 거짓이라면, 기독교는 뿌리부터 기만한 것이기에 인류는 기독교가 이룬 모든 선한 열매를 가차 없이 무효화해야 합니다.

다른 한편, 이 주장이 사실이라면 그리스도의 이름으로 자행된 악행마저 다른 측면에서 보아야 합니다. 네, 맞습니다. 그리스도인들은 종종 잘못된 일을 저질렀습니다. 하지만 (1) 죄에 대한 성경의 교리를 염두에 둘 때 이는 예상되는 사실입니다. (2) 엇나간 교인들이 악을 도모하려 애쓴 노력보다 기독교가 악을 줄이기 위해 기울인 노력이 훨씬 크며, 앞으로도 그럴 것입니다. (3) 하나님은 자신의 방법과 때에 따라 잘못된 것을 바로잡으실 것입니다.

그러므로 기독교에 대해 진지하게 연구하려 한다면 반

드시 기독교가 주장하는 진리와 그 진리의 기초를 살펴봐야 합니다. 고백하건대 나는 소위 지성인으로 불리는 수많은 사람이, 심지어 종교학자들조차 기독교에 대해서는 많이 배우면서도 그 주장이 진실한지를 진지하게 생각해보지 않았다는 사실에 충격을 받았습니다. 이 책을 통해 그러한 공백이 메워지길 바랍니다.

3장
오늘날 기독교를 믿는 것이 어려워 보이는 이유

오늘날 사람들은 기독교를 비롯한 전통 종교를 좀처럼 믿으려 하지 않습니다. 그들은 종교에 대한 개념 전체를 회의적인 시각으로 바라봅니다. 나는 이런 회의적인 사고에 대해 모르지 않습니다. 왜냐하면 나에게도 회의적인 면이 있기 때문입니다. 나는 사람들에게 쉽게 설득당하는 그런 만만한 사람이 결코 아니었습니다. 그리스도인이 되지 않았다면 나는 아마 회의론자로 살았을 겁니다. 사실 지금처럼 기독교에 헌신한 삶으로 나아가게 한 첫걸음은 메타-회의론(meta-skepticism)이었습니다. 이는 회의론에 대한 회의론, 즉 널리 유행하고 있는 불신에 설득되지 않고자 하는 마음을 말합니다.

상대주의

유행하고 있는 불신 중 하나는 상대주의입니다. 객관적인 진리에 대한 일반적인 부인을 말하지요. 상대주의는 적어도 고대 그리스의 소피스트 이후로 수세기 동안 우리와 함께했습니다. 이러한 태도가 고대로부터 유래한 것임에도 불구하고 오늘날 사람들은 이를 가리켜 '포스트모더니즘'이라고 부릅니다. '포스트모던'이라는 말에는 존중의 의미가 담겨 있습니다. 이러한 태도가 새로운 것보다 더 새롭다고 말하고 있으니까요. 하지만 오래되었든지 새롭든지 이 태도 자체는 잘못되었습니다.

    상대주의는 철학적인 지성인 사이에서도, 교육받지 못한 '회의주의자' 사이에서도 찾을 수 있습니다. 하지만 교양있는 사람에게 있든 평범한 사람에게 있든 상대주의는 잘못된 것입니다.

만약 객관적인 진리가 존재하지 않는다면, 어떤 종류의 주장이나 분석이나 평가는 처음부터 무의미합니다. 보편적인 진리는 없고 오직 '나에게 해당하는 진리', '너에게 해당하는 진리'만 존재한다면, 그 어떤 것이라도 어느 누구에게 설득할 의미가 사라집니다. 명제 A가 나에게 진리라면, 나는 여러분도 그 명제를 믿길 바랄 것입니다. 하지만 A의 반대도 여러분에게 진리가 될 수 있다면, 어떻게 내가 그렇지 않음을 증명할 수 있겠습니까? 그리고 내가 여러분에게 A가 진리임을 증명하려 노력해야 할 이유가 어디 있겠습니까? 무언가를 증명한다는 것은 그것이 객관적 진리임을 확증한다는 의미입니다. 반면 상대주의적 논의에서는 처음부터 객관적 진리는 존재하지 않습니다.

그렇기에 '순진한 상대주의'의 명제는 자기 모순적이든 이해하기 어렵든 둘 중 하나입니다. 객관적 진리가 존재하지 않는다고 주장함과 동시에 자기 주장이 객관적 진리라고 외친다면 이는 자기 모순입니다. 그렇다고 상대주의자가 자신의 주장이 객관적 사실이 아니라고 말한다면 아무런 주장도 할 수 없게 됩니다. '주장하다'라는 말은 어떤 진술이 객관적인 진리라고 말하는 것입니다. 객관적인 진리를 주장하지 않으면서 어떤 것을 '주장'한다고 말하는 것은 이해하기 어렵습니다.

'순진한 상대주의'는 전혀 무가치한 형태의 회의주의입니다. 이런 종류의 상대주의를 진지하게 받아들인다면 우리는 그 무엇도 믿을 수 없을 것입니다. 하지만 이런 사상을 진지하게 받아들이는 사람은 아무도 없습니다. 별생각 없이 이 사상을 옹호하는 사람들이 특히 진지하게 받아들이지 않습니다. 이는 결국 지적인 책임을 포기하는 결과로 이어집니다. 믿고 싶으면 믿고, 믿기 싫으면 회의적인 태도를 보이게 되는 겁니다. 이런 태도를 취하면 증거를 진지하게 살펴야 하는 책임에서 벗어나게 되지요.

하지만 이보다 덜 급진적인 회의론에는 나름의 가치가 있습니다. 말하자면, 중요한 면에서 우리 신념을 바꾸도록 요청받을 때면 보통 증거를 찾는 편이 좋다는 것입니다. 성경은 자주 증거를 제공하고 사람들에게 증거를 찾으라고 조언합니다(신 18:22, 요 5:36, 10:38, 14:11, 행 1:3, 17:11, 고전 14:29, 15:1-8, 살전 5:21).

그 증거에 대해서는 앞으로 살펴보겠습니다. 지금은 현대 회의론의 본질을 좀 더 분석하겠습니다. 왜냐하면 앞

단락에서 언급한 건강한 회의론과 비교해 더한 것도, 덜한 것도 있다고 믿기 때문입니다.

계몽주의

역사적으로 볼 때 현시대 사람들이 신앙을 갖는 데 전례 없이 어려운 시대에 살고 있다는 말을 종종 듣습니다. 지난 3세기 동안 살았던 지성인들은 계몽주의와 타협해야 하는 특별한 부담을 져야 했다는 것입니다.

계몽주의 시대는 대략 1650-1800년을 아우릅니다. 이에 대한 일반적인 설명에 따르면, 당시 학문과 문화를 이끌던 자들은 종교적인 전통에서 떠나 순수하게 세속적인 기초 위에 인간의 지식과 사회를 건설하고자 했습니다. 이 시대는 '이성의 시대'였으며, 인간의 이성은 자율적이어서 이성 밖에 있는 어떤 기준에도 제약받지 않는다고 여겨졌습니다. 비록 현대 과학의 개척자들은 기독교 신자들이었지만, 계몽주의는 진리에 대한 마지막 관문을 믿음에서 과학으로 바꾸려 했습니다.

이러한 분석의 결론은 오늘날 우리는 계몽주의의 후예들이며 이 문제에서 우리에게 선택권이 없다는 것입니다. 계몽주의는 역사를 두 갈래로 나누는 거대한 경계선이 되었습니다. 경계선을 넘은 사람들은 1650년대 이전 시대의 특징인 무식한 믿음으로 돌아갈 수 없다는 것이지요.

회의주의 학자인 루돌프 불트만은 1941년에 쓴 『신약성경과 신화』(*The New Testament and Mythology*)라는 유명한 에세이에서 다음과 같이 주장했습니다.

> 전등과 라디오를 사용하고 현대 의학과 외과적 발견의 유익을 누리면서 영과 기적으로 가득 찬 신약성경의 세계를 믿는 것은 불가능하다.

나는 불트만의 주장을 전적으로 이해하지 못했습니다. 전등을 사용하면 정말 기적을 믿지 못하게 되나요? 하지만 불트만이 말하고자 하는 요지는 이해할 수 있을 것 같습니다. 불트만은 우리가 현대 과학과 기술의 성공 기저에 있는 계몽주의 정신이 자율적인 추론을 특징으로 한다는 점을 믿길 원했습니다. 자율적인 추론은 세상의 궁극적인 원칙이 인격적인 통치자의 뜻보다는 비인격적인 법칙으로부터 왔다고 여깁니다.

무엇보다 그 글을 쓸 당시 불트만은 과학에 관해서라면 한 시대나 뒤처져 있었습니다. 그는 20세기 과학자들도 18세기 과학자들과 같이 결정론적 유물론을 전제하고 있다고 여겼습니다. 하지만 이는 20세기 물리학에서 발전된 상대성 이론과 양자역학을 무시한 생각이었습니다.

그의 논의를 듣다 보면, 현대 과학자들의 견해가 무엇이든 그들의 합의를 따르며 우리의 문화가 현대적 관점이라고 제시하는 것은 무엇이든 믿어야 할 의무라도 있는 것처럼 느껴집니다. 하지만 이것은 분명 거짓입니다. 20세기에 나치와 소련의 전체주의는 대중의 인기를 끌며 미래의 물결이자 피할 수 없는 다음 발전 단계인 것처럼 여겨졌습니다. 하지만 오늘날에는 오히려 이러한 이데올로기에 저항했던 사람들을 영웅으로 평가합니다.

사실 계몽주의는 많은 사람에게 영향을 미쳐 기적, 영혼, 천사, 그리고 하나님을 믿지 못하게 했습니다. 하지만 영향과 증거는 서로 다릅니다. 이 역사적인 발전이 신학적 믿음 가운데 틀렸다고 입증한 것은 아무것도 없습니다.

다시 포스트모더니즘으로

계몽주의 회의론과 대조를 이루며 또 다른 회의론이 발달했습니다. 그것은 바로 이 장 서두에 말했던 '포스트모던' 회의론입니다. 포스트모던 신봉자들이 '현대적'(modern)이라 부르는 계몽주의는 과학적인 사유와 기술에 찬사를 보냅니다. 불트만의 '전등과 라디오'를 야기한 전통이지요. 하지만 포스트모더니즘은 보다 일반적인 철학적 회의론, 즉 '세계관'이라든가 '메타내러티브' 등에 대한 회의론으로서 합리주의에 의문을 제기합니다. 포스트모던 신봉자들은 일상적인 지식, 곧 '작은 내러티브'는 받아들입니다. 하지만 철학이나 종교의 지배적인 일반론은 거부합니다.

하지만 포스트모던 신봉자들은 작은 내러티브와 큰 내러티브를 구분하지 못합니다. 스스로 제기한 비평으로부터 그들 자신은 왜 제외되어야 하는지를 설명하지도 못합니다. 거대 내러티브에 대한 그들의 회의론은 분명 그 자체로 거대한 내러티브, 즉 현실과 인간의 사유를 바라보는 일반적인 방식이기 때문입니다.

그뿐만 아니라 그들은 거대한 지식 체계가 정치적 음모

와 다름없다고 많은 사람을 설득하는 데 실패했습니다.

사실 과학과 기술에 지배받는 모던 문화는 여전히 현시대를 지배하고 있습니다. 합리적 모더니즘과 비합리적 포스트모더니즘은 식자들의 토론에서 유리한 고지를 점령하기 위해 서로 앞서거니 뒤서거니 경쟁하고 있습니다. 하지만 둘 중 어느 사상도 일반 대중이 자신들의 방식으로만 생각하도록 만들지는 못했습니다.

기독교에 대한 논쟁에서 모더니즘 신봉자들은 그리스도인들에게 증거와 논리가 부족하다고 주장합니다. 포스트모더니즘 신봉자들은 그리스도인들에게 어떤 진리라도 아는 양 주장할 권리가 있는지 의문을 제기합니다. 어떤 그리스도인들은 이 두 비판으로 인해 위축됩니다. 또 어떤 그리스도인들은 동시대인 사이에 떠도는 이러한 형태의 지혜에 내재된 약점을 보고 지적인 현상 너머로 담대하게 밀고 나갑니다.

4장
믿음과 자율성

나는 여러분에게 그리스도를 믿는 것에 대해 생각해보라고 요청하고 있습니다. 누군가를 믿는 것을 가리켜 신뢰한다고 하지요. 그러니 나는 여러분에게 예수님을 신뢰하라고 요청하는 셈입니다. 누군가를 향한 신뢰 안에는 그 사람이 한 말을 믿는 것도 포함됩니다. 앞에서 말했듯이, 그러므로 예수님을 믿으려면 특정한 사항들이 객관적인 사실이라고 믿어야 합니다. 이 책에서 나는 이 진리들을 믿고 이 사실들을 받아들여야 할 몇 가지 근거를 제시하고 싶습니다.

이 일을 하기 전에 믿음이라는 일반적인 주제에 대해

다루는 것이 중요합니다. 이는 '인식론' 혹은 '지식론'으로 불리는 연구에 포함되는데, 정말 복잡한 논의가 될 수 있습니다.[1] 하지만 여기서는 중요한 점 몇 가지만 언급하겠습니다.

기준

'왜 나는 이것을 믿어야 하는가?'라는 질문은 항상 어떤 기준, 표준 또는 규범을 요구합니다. '해야 한다'는 말은 의무, 즉 도덕적 의무 같은 것을 말합니다. 그러므로 여러분에게 무언가를 설득하려 노력할 때, 나는 여러분이 신념을 바꿔야겠다는 어떤 의무나 도덕적 필요를 느끼기를 원합니다. 만약 여러분이 그런 의무를 느끼지 못한다면, 내가 하는 말을 거부하고 기존의 신념을 고수해야 한다는 데 동의합니다.

하지만 우리는 어떻게 이런 의무들을 계속해서 발견하는 걸까요? 이는 공구 창고에서 갈퀴를 발견하는 것처럼 간단한 문제가 아닙니다. 의무나 책임 같은 것은 우리 감각을 통해 명백히 감지되지 않습니다. 우리는 그런 규범을 결정하는 객관적인 방법 같은 것은 없다고 말하고픈 유혹을 받습니다. 그저 자신의 느낌에 귀를 기울여야 하고, 그 순간 옳게 보이는 원리가 무엇이든 따라야 한다고 말하고 싶은 것이지요. 하지만 이것은 우리가 앞에서 논의한 포스트모더니즘 회의론이 취하는 입장입니다. 그 논의의 끝에서 우리는 이 사상이 무가치하다는 결론을 내렸습니다.

비록 사실에 기반을 둔 믿음을 형성할 때는 상대주의를 거부해야 하지만, 기준, 표준 또는 의무 같은 문제에 있어서는 상대주의적일 수밖에 없다고 반박하는 이도 있을 것입니다. 하지만 객관적인 기준이 없다면, 객관적이고 사실적인 지식도 존재할 수 없습니다. 모든 지식은 규범적인 믿음, 곧 우리가 확증해야 하는 믿음을 포함하기 때문입니다. 가령 어떤 사실이 2+2=4처럼 객관적으로 보인다 하더라도 이를 믿어야 할 의무를 느낄 수 없다면 2+2=5라고 대답해도 좋을 것입니다.

그러면 우리는 어떻게 기준에 대한 객관적인 지식에 이를 수 있을까요? 여기서 이 문제를 구체적으로 다루지는 않겠습니다.[2] 다만 내게 명백해 보이는 한 가지 사실이 있습니다. 그러한 기준들이 우리의 가장 기초적인 신념에 포함되어 있다는 것입니다. 왜냐하면 이런 기준들은 우리의 다른 모든 신념에 지대한 영향을 끼치기 때문입니다. 이러한 기준들은 우주에 대한 우리의 가장 근본적인 관점, 곧 세계관의 일부입니다.

어떤 신념이 시각이나 청각 같은 감각이라는 증거에 의해 보증받지 못할 경우 그 어떤 신념도 받아들여서는 안 된다고 믿는 사람들도 있습니다. 감각 경험은 폭넓게 받아들이던 신념에 대한 기준 중 하나입니다. 어떤 사람들은 이것을 하나의 규범으로 받아들였습니다. 역사적으로 이것을 '경험주의'라 부릅니다. 그리고 우리는 그 기준을 일관성 있게 적용할 경우 우리가 가진 모든 믿음에 영향을 미친다는 사실을 알 수 있습니다. 우리가 보고 들은 것에 기초한 믿음은 받아들이는 반면, 보이거나 들리지 않는 영적인 실체를 다루는 믿음은 거부될 것입니다. 이 기준을 적용하면 성경의 하나님은 논의가 시작되자마자 배제될 것입니다. 왜냐하면 하나님이 주도적으로 자신을 보여주거나 들려주지 않으시면 사람들은 그분을 볼 수도, 들을 수도 없기 때문입니다.

이와 마찬가지로 현대인들은 대체로 과학이야말로 진리를 판가름하는 가장 신뢰할 만한 검증 수단이라 믿습니다. 바로 앞서 언급했던 것처럼 과학은 감각적 증거에 의존하지만 그와 동시에 정교한 도구들과 수학 공식, 복잡한 가설 등도 사용합니다. 어떤 사람들은 과학적으로 증명되지 않는 한 그 어떤 것도 믿지 않을 것이라고 말합니다. 조금 전에 논의한 것과 마찬가지로 이 기준으로 보더라도 성경의 하나님은 고려 사항에서 제외됩니다.

분명히 하나님은 자연 속에 드러나 계십니다(시 19:1, 롬 1:18-20). 하지만 그분의 위치를 확실하게 짚어내고 그분의 본성과 행동을 설명할 만한 과학적인 도구 같은 것은 없습니다. 더구나 성경의 하나님은 자신이 만물의 창조주이기 때문에 어떤 과학자보다 더 많은 것을 알고 있다고 주장하십니다. 그분은 인간이 이론화한 것을 무효로 만들 권리가 있다고 주장하십니다. 욥기 38-42장에서 하나님은 욥과 그의 네 친구를 꾸짖으면서 그들이 세상에 대해 얼마나 모르고 있는지 보이십니다. 그리고 욥기 대부분을 채우고 있는 그들의 섣부른 이론을 완전히 묵살하십니다.

3장의 불트만에 대한 논의에서 보았듯 과학을 믿음에

대한 최고의 기준으로 여기는 것은 처음부터 성경의 하나님을 거부하는 것과 같습니다. 하지만 여러분은 정말 그렇게 되어야 한다고 확신합니까? 그런 과학주의가 옛 사고방식의 산물일 가능성은 없을까요? 과학에 열정적으로 참여하면서도 과학이 아닌 하나님 말씀을 참된 믿음에 대한 최고의 기준으로 삼고, 하나님을 따라 그분의 사고로 생각하는 새로운 사고방식이 가능할까요?

자율성은 반드시 필요한가?

어떤 사람들은 우리 자신이야말로 진리의 최종 기준이라고 말합니다. 이 견해에 따르면, 우리는 증거와 주장들을 주의 깊게 들은 후에 반드시 스스로 결정해야 합니다. 다시 말해 우리 스스로 자율적으로 판단해야 한다는 것입니다. 과학, 철학, 정치학, 종교 등의 주장들을 듣고 오직 우리 자신만이 무엇이 참되고 옳은지 결정할 수 있다는 것이지요.

이해하기 쉽게 이렇게 생각해봅시다. 환상 중에 천사가

찾아와 무언가에 대한 믿음을 바꾸라고 요청했다고 가정해봅시다. 여러분은 그 천사의 말을 믿을지 말지 결정해야 하는 장본인입니다. 이는 성경 말씀에 대해서도, 하나님에 대해서도 마찬가지라는 겁니다. 내 믿음은 반드시 '나의' 믿음이어야 합니다. 나를 제외한 그 누구도 내 믿음이 어떠해야 하는지 결정할 수 없습니다. 천사든 성경이든 하나님이든 나에 대한 권위를 주장할 수는 있습니다. 하지만 그 권위를 받아들일지 말지를 결정하는 것 또한 나의 몫입니다. 이는 결국 내 권위가 다른 누군가의 권위보다 높다는 말입니다.

우리가 논의한 다른 입장들과 마찬가지로 이 입장 역시 처음부터 성경의 하나님에 대한 믿음을 배제합니다. 왜냐하면 성경의 하나님은 우리 믿음, 생각, 결정권에 대한 최고의 권위를 주장하시기 때문입니다. 성경은 '하나님의 지혜'를 '이 세상의 지혜'(고전 1-3장)와 대조합니다. 그리고 "주님을 경외하는 것이 지혜의 근본이다"(시 111:10)라고 말합니다. 그것은 지혜의 근본이자 동시에 지식의 근본입니다(잠 1:7).

다음 진술은 세상의 자율성을 자랑스럽게 옹호하는 옛

사고방식과 완전히 대립을 이루지만 분명한 성경의 가르침입니다. 그 가르침은 바로 하나님이 인간의 지성에 대한 전적인 권위를 갖고 계시다는 것입니다. 만약 이러한 하나님이 실제로 존재한다면 이 주장은 대단히 합리적입니다. 하나님이 세상을 만드시고 인간의 정신을 만드셨으며, 이 둘 사이의 연결점도 고안하셨습니다. 오직 그분만이 우리가 믿어야 할 것에 대한 궁극적인 지식을 가지고 계십니다.

그러므로 하나님의 권위와 지적인 자율성 사이에는 근본적인 대조와 대립이 있습니다. 하나를 믿으려면 반드시 다른 하나를 버려야 합니다. 둘 사이에서 내리는 결정에는 중요한 의미가 있습니다. 하나로부터 다른 하나로 이동한다면 여러분의 전 생애가 달라질 것입니다. 새 마음을 갖게 될 것입니다.

하지만 지적 자율성을 옹호하는 입장은 너무나 분명해 보입니다! 어떻게 이것을 포기할 수 있을까요? 자율성을 거부하는 것은 마치 우리 자신의 피부 밖으로 나오는 것처럼 보입니다. 논리적으로 거의 불가능해 보입니다. 자율성에 대한 성경의 대안을 옹호할 방법이 있을까요? 한번 시도해보겠습니다.

첫째, 나는 우리가 믿는 것을 믿지 않을 수 없다는 데 동의합니다. 이렇듯 동어를 반복하며 이 문제를 표현하면 자율성이 왜 명백한 사실처럼 보이는지 이해하는 데 도움이 됩니다. 하지만 동어반복에 별 유익이 없음은 주지의 사실입니다. 만약 얼마 전 선거에서 당선인이 당선되었다고 전한다면 아무 정보도 주지 않는 셈입니다. 일기예보를 하면서 비가 올 수도 있고 오지 않을 수도 있다고 한다면 적합하지 않은 정보일 것입니다. 마찬가지로 '우리는 우리가 믿는 것을 믿어야 한다'고 말한다면, 그는 우리가 구체적으로 무엇을, 왜 믿어야 하는지 아무 말도 하지 않은 셈입니다.

이 시점에서 하나님의 권위와 자율성 사이의 대화는 다음과 같이 이뤄질 것입니다. 하나님은 우리가 무엇을, 어떤 근거 위에서 믿어야 하는지 안다고 주장하십니다. 반면에 자율적인 사상가는 이 주장에 반대합니다. 하지만 그가 하나님 자리에 대신 두는 것은 무엇일까요? 가장 먼저 떠오르는 생각을 믿으라고 우리에게 요구하는 것이 자율성입니까? 만약 그게 사실이라면 이는 지적인 파산을 가져올 것입니다. 아니면 우리의 생각을 비판적으로 살펴보고 더 좋은 것을 찾기 위해 노력하게 하는 것이 자율성일까요? 만약 그렇다면 이런 비판적인 분석을 위해 우리는 어떤 기준을 사용해야 합니까? 가장 먼저 떠오르는 생각? 하지만 이는 비합리적일 뿐입니다.

분명히 어떤 지점에 이르면 자율적인 사고를 하는 사람도 반드시 자신의 지성 너머를 보아야 할 것입니다. 세상에 대한 견해를 가지기 위해서는 자기 자신 너머의 데이터도 필요합니다. 때로는 자기보다 더 지식이 많은 사람에게서 기준을 구해야 합니다. 우리 모두는 이렇듯 제한된 방식으로 권위에 조금씩 의존할 수밖에 없습니다. 인간적인 권위일지라도 말입니다. 어렸을 때 나는 달이 초록색 치즈로 만들어졌다고 믿었습니다. 그렇지 않다는 것을 학교 선생님에게서 배웠지요. 하지만 만약 내가 선생님들의 견해를 내 견해보다 가치 있게 여기지 않았더라면 그들에게서 배우지 않았을 것입니다.

물론 배움의 각 단계에서 우리는 자신의 생각을 형성합니다. 이는 분명한 사실입니다. 하지만 언제나 우리 머릿속에서 적절한 증거와 기준을 찾는 것은 아닙니다. 우리 밖을 바라보아야 할 때가 자주 있습니다. 합리적인 사람은 가능한 최고의 도움을 구할 것입니다. 만약 하나님이 계신다면, 그리고 하나님께 도움을 받을 수 있다면, 그 도움이 최고라는 것은 질문할 필요도 없을 것입니다. 하나님의 생각은 우리 중 누구의 생각보다 뛰어납니다. 우리는 우리가 가진 어떤 생각보다 하나님의 생각이 우위에 있음을 인정해야 합니다.

우리는 하나님의 권위를 받아들이겠다고 결심할 수 있습니다. 이 권위를 받아들이지 않는다면, 우리는 하나님의 존재를 받아들이는 한 정말 어리석은 결정을 내린 셈입니다. 창조주의 조언을 거부하는 것은 언제나 지혜롭지 못한 일입니다.

그러므로 하나님의 권위를 인정하려는 우리의 자유로운 결정을 막을 수 있는 것은 아무것도 없습니다. 그분의 존재를 당연하게 여긴다면 결정은 너무나 쉽습니다. 너무 뻔한 선택입니다.

5장
어떤 이유로 무언가를 믿는다는 것

중요한 믿음에 대해 논의할 때면 언제든 우리의 마음은 그런 믿음을 가지는 이유로 향하기 마련입니다. 인간의 본성은 어떤 것을 왜 믿어야 하는지를 질문하는 데 깊이 몰두하는 것 같습니다. 지금 나는 여러분에게 성경의 하나님을 믿는 것에 대해 생각해보라고 요청하고 있습니다. 나의 요청에 흥미가 느껴진다면, 여러분은 왜 믿어야 하는지도 알고 싶을 것입니다. 우리가 하나님을 믿어야 하는 이유가 무엇일까요?

나는 이 책에서 여러분에게 몇 가지 이유를 제시할 것입니다. 하지만 지금은 4장에서 시작한 인식론에 대한 논의를 이어가면서, 우리가 무언가를 어떤 이유로 믿는다는 것이 무슨 의미인지 논하고 싶습니다.

우리는 아무런 이유 없이, 아니면 적어도 이유를 제시하지 못한 채 많은 것을 믿습니다. 네 살짜리 아이도 부엌에 있는 오븐은 종종 너무 뜨거워서 만져선 안 된다는 사실을 믿을 것입니다. 우리 중 대부분은 이런 믿음은 지식이지 순수한 믿음이 아니라고 말할 것입니다. 즉, 그 아이는 자신이 믿는 대로 믿을 권리가 있습니다. 하지만 그 아이는 여러분에게 그 믿음에 대한 이유를 제시하지 못할 가능성이 매우 큽니다.

성인이 되어서도 우리 대부분은 이유를 대지 못하는 믿음을 많이 가지고 있습니다. 어떤 경우 이유가 너무 많아서 이유를 대지 못하기도 합니다. 나는 아내가 나를 사랑한다고 믿습니다. 하지만 그렇게 믿는 이유를 일일이 열거하기에는 그 이유가 너무 많습니다.

하지만 때때로 우리는 무언가를 믿는 이유를 단 하나도 대지 못하면서도 그것을 믿습니다. 예를 들어 나는 지구의 나이가 5분보다 오래되었다고 믿습니다. 최소한 지난 5분 이상의 기억이 내게 있기 때문입니다. 그러기 위해서는 우리의 기억이 신뢰할 만하다는 가정이 필요합니다. 하지만 기억이 신뢰할 만하다는 사실을 '증명'하기란 불가능합니다. 판사들과 변호사들은 증인들이 종종 자신의 공상을 사실로 대체한다는 것을 알고 있습니다. 우리가 기억한다고 생각하는 것의 대부분 혹은 전체가 이런 공상으로 이루어지는 것이 아예 불가능하지는 않습니다.

물론 나는 우리의 기억을 공상처럼 취급해야 한다고 제안하는 것은 아닙니다. 상식을 통해 알 수 있듯 우리는 최소한 우리 기억이 믿을 만한 것인 양 행동해야 합니다. 이는 우리가 이 세상에서 살 수 있게 해주는 실용적인 결정입니다. 하지만 상식은 증거가 아닙니다. 기억이 믿을 만하다는 것을 증명할, 그래서 세상의 나이가 5분보다 더 오래되었다는 것을 증명할 증거나 논거는 없습니다.

누군가 주머니의 동전에 1983년이라고 적힌 걸 보면 세상이 적어도 1983년 이전에 시작된 걸 알 수 있지 않냐고 말할 수 있겠지요. 하지만 그는 동전에 아무 의미 없는 숫자를 새긴 게 아니라, 그 동전이 제작된 연도를 새긴 것이라고 추정할 뿐입니다. 동전이든 세상이든 심지어 우리 자신이든 나이를 증명할 수 있는 근거나 이유는 없습니다.

다음과 같은 보편적 믿음에 대해서도 마찬가지입니다. 예를 들면, (1) 나에게 마음이 있듯이 다른 사람들에게도 마음이 있다. (2) 미래는 과거나 현재와 비슷할 것이다. (3) 내 감각은 나에게 내 마음 밖에 실제로 존재하는 것을 말해준다. 우리는 이런 믿음을 증명할 수 없지만, 상식에 기초해 이런 것들을 대개 믿습니다. 우리는 이런 것들을 믿으며, 대부분의 사람이 이것들을 안다고 말할 것입니다. 하지만 그것들을 증거나 주장에 기초해서 믿는 것은 아닙니다.[1]

하지만 무언가를 어떤 이유로 믿는 데에 그 이유가 대단히 복잡한 것으로 드러날 때가 종종 있습니다. 나는 탤러해시가 플로리다주의 주도(州都)라 믿습니다. 그 이유는 어디에선가 이에 대해 읽었기 때문입니다. 아마도 지리 교과서에서 처음 본 것 같습니다. 하지만 내가 학교에서 쓰는 지리 교과서를 신뢰하는 이유가 무엇일까요? 그런 교과서도 때론 오류가 있지 않나요? 내 생각에는 다른 사람들이 믿기 때문에 나도 믿는 것 같습니다. 하지만 이 말에 단서를 달아야겠군요. 내가 신뢰하는 사람들이 그 교과서를 믿기 때문에 나도 믿습니다. 하지만 나는 왜 내가 신뢰하는 사람들을 신뢰하는 걸까요? 이 질문은 내 양육 과정,

내 민족과 종교, 내 부모님과 주위 사람들의 가치관, 사람들의 친절과 신뢰를 통해 강화된 가치관 등 전체 역사를 꺼내게 만듭니다.

궁극적으로 이것은 모든 믿음 기저에 깔린 신뢰의 망과 같은 것입니다. 여기에는 상식을 형성하는 믿음들도 포함됩니다. 이것은 우리 각자가 B1, B2, B3… 등과 같은 믿음 모음집을 가지고 있으며, 또 각각의 믿음에 그에 대한 이유가 R1, R2, R3처럼 첨부되어 있다는 말이 아닙니다. 오히려 우리는 신뢰의 망이자 믿음의 망 전체2를 갖고 신념이 될 후보들을 검증합니다.

이 믿음 망으로 새로운 믿음을 들여오는 것이 그리 어렵지 않을 때도 있습니다. 언젠가 나는 플로리다주 차량관리국에 가서 2013년에 만료된 면허증을 반납하고 2021년에 만료되는 새 면허증을 받았습니다. 그곳에 가기 전에 나는 내 운전면허증이 2013년도에 만료된다고 믿었습니다. 그곳을 방문한 후에는 그 믿음을 버리고, 내 면허증이 2021년도에 만료될 것이라는 믿음으로 대체했습니다.

하지만 때로 새로운 믿음은 여러분의 믿음의 망에 복잡한 수정을 가하도록 만들 것입니다. 추리 소설을 읽다가 결

말에 이르러 은행 창구직원이 살인자였음을 깨달을 때, 여러분은 제본업자가 악당이고 피아니스트는 아무것도 몰랐으며 성직자는 고결하다는 믿음을 재고할 수밖에 없을 것입니다.

여러분이 하나님을 믿지 않다가 믿게 될 때, 이 변화는 상당한 지장을 초래합니다. 과학과 예술에 대한 여러분의 믿음만이 아니라 도덕에 대한 믿음도 변화되어야 합니다. 과거에 여러분이 신뢰했던 사람들이 이제는 별로 믿을 만하지 않다는 사실을 알게 될 것이며, 그들 역시 여러분에 대해 그렇게 느낄 것입니다. 과거에 좋아했던 음악을 싫어하게 되며, 이는 역으로도 마찬가지죠.

그러므로 하나님을 믿는 이유를 이야기할 때, 이런 이유는 대단히 복잡하고 심오할 것입니다. 석양과 바흐와 헨델의 믿을 수 없는 아름다움, 낙태의 부도덕함, 그리스도인 할머니의 깊은 사랑 등 이 모든 것이 그 이유의 일부가 될 수 있습니다. 어떤 것도 그 자체로는 납득이 가지 않습니다. 하지만 각각의 이유는 거부할 수 없는 큰 그림을 형성합니다. 갑자기 옳게 보이고 느껴지는 하나의 사고방식을 형성하는 것이지요. 모든 것이 새롭게 됩니다.

사도 바울이 말했습니다. "누구든지 그리스도 안에 있으면 그는 새로운 피조물입니다. 옛것은 지나갔습니다. 보십시오, 새것이 되었습니다"(고후 5:17). 여기서 새것이란 내가 지금까지 말한 새 마음입니다. 그리고 바울은 이를 가리켜 '그리스도의 마음'(고전 2:16)이라 부릅니다.

6장
믿음, 의지, 느낌

앞 장에서 나는 거부할 수 없는 큰 그림에 대해, 즉 갑자기 옳게 보이면서도 그렇게 느껴지는 사고방식에 대해 말했습니다. 나는 이것이야말로 여러분이 하나님을 믿게 될 때 일어나는 일과 같다고 생각합니다. 하지만 '옳게 느껴진다'는 말에 이의를 제기하는 사람도 있을 것입니다. 또한 그런 개념은 우리 시대의 주관주의, 즉 우리는 자신이 믿고 싶다고 느끼는 것을 믿는다는 입장과 타협하는 것이라고 반대하는 사람도 있을 것입니다.

이런 주관주의는 이 책 첫 다섯 장에서 기독교의 진리 주장에 대해 강조한 내용과 일치하지 않습니다. 여러분도 기억하겠지만, 나는 포스트모더니즘에 동의하지 않으며, 사상사에서 보다 더 보편적으로 나타나는 회의주의에 대해서도 마찬가지입니다.

나처럼 객관적 진리가 중요하다고 생각하는 많은 사람은 지성, 의지, 감정 등을 구분하는 전통적인 용어로 이러한 확신을 표현합니다. 이 견해에 의하면, 아는 것은 지성이고 결정하는 것은 의지이며 느끼는 것은 감정입니다. 플라톤을 비롯한 여러 사람에 따르면, 의지나 감정이 아닌 지성이 우리 삶의 방향을 인도하는 것이 중요합니다. 우리의 다른 기능은 지성을 따라야 합니다. 그 결과 의지가 무엇을 결정할지, 감정이 무엇을 느낄지 지성이 지배하는 것이지요.

나는 플라톤이 여기서 말하는 역학 관계를 우리 모두 이해한다고 생각합니다. 우리는 종종 이 세 기능이 서로 갈등을 일으키는 것처럼 느낄 때가 있습니다. 스스로도 어리석다고 생각하는 결정을 내릴 때도 있습니다. 그렇기에 우리는 우리 의지를 지성에 굴복시켰어야 했다는 사실을 인정하죠. 물론 일반적으로 사랑에 빠진 십대는 스스로 옳다고 생각하는 것보다는 자신의 감정을 따르다 낭패를 당하기도 합니다.

하지만 이러한 이해에는 잘못된 부분이 있습니다. 영화 ≪인사이드 아웃≫에서처럼 우리는 지성과 의지와 감정이 자기들끼리 우리의 머릿속에서 싸우는 작은 독립체가 아님을 분명히 알고 있습니다. 요점을 말하자면, 앎의 주체는 지성이 아닌 인격입니다. 마찬가지로 선택하고 느끼는 주체 역시 인격입니다. '지성'은 의학에서 아직 발견하지 못한 신체 기관의 이름이 아닙니다. 지성은 우리가 하는 것, 곧 우리 생각에 대한 이름입니다. 지성은 인격의 생각이고, 의지는 인격의 결정이며, 감정은 인격의 느낌입니다.

그러므로 이들 각자 독립적으로 결론을 내리고, 그 후 다른 두 기능을 설득하거나 위협하거나 구슬리거나 꼬드기는 것이 아닙니다. 그뿐만 아니라 이 기능들이 자신의 독자적인, 혹은 공동의 견해를 인격에게 새겨 넣기 위해 경쟁하는 것도 아닙니다. 오히려 이 세 기능은 항상 서로에게 영향을 줍니다. 물론 우리의 생각은 우리의 의지와 느낌에 영향을 끼칩니다. 우리는 우리의 선택이 진리에 기초해 있으며, 무언가에 대한 우리의 느낌이 그것의 실체와 어울리길 바랍니다. 하지만 우리의 선택과 느낌이 우리가 사실이라 믿는 것에 영향을 끼치는 것 역시 사실입니다.

미국 프로야구팀 피츠버그 파이어리츠를 응원하기로 결심했다고 가정해봅시다. 그 결정으로 인해 파이어리츠의 좋은 점과 상대 팀의 나쁜 점을 믿는 게 수월해질 것입니다. 나의 의지는 나의 지성에 영향을 미칩니다. 그리고 파이어리츠를 따뜻한 감정으로 바라본다면, 이러한 감정 역시 나의 믿음과 선택에 영향을 끼칠 것입니다.

보다 심각한 예를 들어 보겠습니다. 사도 바울은 로마서 1:19-20에서 하나님이 자신이 만든 세상에 분명히 나타나셨다고 말합니다.

> 하나님을 알 만한 일이 사람에게 환히 드러나 있습니다. 하나님께서 그것을 환히 드러내 주셨습니다. 이 세상 창조 때로부터 하나님의 보이지 않는 속성, 곧 그분의 영원하신 능력과 신성은 사람이 그 지으신 만물을 보고서 깨닫게 되어 있습니다. 그러므로 사람들은 핑계를 댈 수가 없습니다.

하지만 18절에서 바울은 죄인들이 '불의한 행동으로 진리를 가로막는'다고 말합니다. 바울은 이 이방인 불신자들이 하나님에 대한 충분한 증거를 가지고 있으며, 어떤 의미에서 그들이 하나님을 '안다'(21절)고 말합니다. 하지만 그들은 진리를 가로막고(18절), 하나님을 영화롭게 하기를 거절하고(21절), 하나님의 영광을 우상과 바꾸면서(23, 25절) 믿기를 거부합니다. 그들은 '하나님을 인정하기를 싫어'합니다(28절). 이는 믿지 않기로 선택한 사람들에 대한 묘사입니다. 그들의 선택은 그들의 믿음을 결정했습니다.

물론 이것은 반대의 경우, 즉 사람들이 하나님을 믿게 될 때도 마찬가지입니다. 하나님을 믿는 것도 선택이며, 진리를 가로막지 않으며, 하나님을 영화롭게 하기를 거절하지 않으며, 하나님의 영광을 우상과 바꾸지 않겠다는 선택입니다. 하나님을 인정하겠다는 선택입니다.

우리 모두의 어머니인 하와의 경우, 느낌 때문에 하나님의 말씀이 거짓이었다고 믿게 됩니다.

> 여자가 그 나무의 열매를 보니 먹음직도 하고 보암직도 하였다. 그뿐만 아니라 사람을 슬기롭게 할 만큼 탐스럽기도 한 나무였다. 여자가 그 열매를 따서 먹고 함께 있는 남편에게도 주니 그도 그것을 먹었다(창 3:6).

여기서 핵심은 하와의 부패한 감정이 순수한 지성에 굴복했어야 한다는 것이 아닙니다. 이 이야기에서 하나님으로부터 돌아선 것은 하와의 모든 것, 즉 인격이었습니다. 성경은 결코 의지와 감정이 지성보다 더 악하다고 하지 않습니다. 오히려 하나님에게서 떠날 때, 우리의 모든 부분이 악해지는 것입니다(창 6:5).

어느 정도 우리는 무엇을 믿을지 선택하고, 우리가 믿는다고 느껴지는 것을 믿습니다. 핵심은 지성이 의지와 감정을 다스리도록 해야 한다는 것이 아니라 우리 자신, 곧 우리의 모든 부분이 하나님의 말씀을 따르도록 해야 한다는 것입니다.

5장에서 나는 믿음이 종종 우리 헌신의 '망'에 복잡한 수정을 가한다고 주장했습니다. 여기서 내가 말하고자 하는 것은 믿음, 선택, 감정 역시 하나의 망으로서 그 안에서 각각 서로에게, 그리고 전체에 의지한다는 점입니다. 믿음 안에서 일어나는 변화는 (1) 새로운 지적 통찰력, (2) 새로운 것을 믿고자 하는 선택, (3) 새로운 믿음이 보다 만족스럽다는 느낌 등으로 묘사될 수 있습니다. 이 세 가지 묘사는 관점과 연관되어 있습니다. 즉, 일어난 일에 대한 세 가지 관점이지요. 우리의 믿음에 일어나는 모든 변화는 이 세 가지 방식 중 하나로 묘사될 수 있습니다. 새로운 믿음을 가질 때마다 이 모든 것이 일어납니다.

그러므로 5장에서 말한 대로, 하나님을 믿게 될 때 여러분은 옳다고 느껴지는 하나의 사고방식에 이르게 됩니다. 또한 이것은 지적인 사건이자 여러분이 하기로 선택한 어떤 것이기도 합니다. 이것은 또한 느낌이기도 합니다. 상담가인 내 친구는 내담자들이 어떤 것이 사실처럼 '느껴진다'고 말할 때 그들을 질책합니다. 그의 주장에 따르면 내담자들은 어떤 것이 사실이라고 '생각한다'고 말해야 한다는 겁니다. 하지만 일상 대화에서 많은 사람이 '느낀다'를 '생각한다'와 동의어처럼 사용합니다. 물론 내게 어색하게 들리긴 하지만, 상담가인 친구와 달리 나는 이것이 정말 틀렸다고 말할 수 없습니다. 확신의 변화는 대개 감정의 변화와 동시에 일어나기 때문입니다.

45년 동안 학생들을 가르치면서 나는 새로운 것을 배우는 것, 또는 새로운 관점을 받아들이는 것이 어떤 것인지 자주 질문했습니다. 이것은 묘사하기 쉽지 않습니다. 찰리라는 한 학생이 과연 이혼이 도덕적인 선택인가 하는 질문과 씨름하고 있다고 생각해 봅시다. 그는 기말 과제를 위해 어느 한 편을 옹호하는 이유를 생각해 내야 합니다. 찰리는 일정 시간 동안 두 입장 사이를 왔다 갔다 할 것입니다. 그는 이혼을 정당화하는 책도, 이혼을 규탄하는 책도 읽을 것입니다. 찰리는 어느 한 주장에 잠시 설득당하다 또 반대 측 주장을 듣고 설득당하기도 할 것입니다. 그는 성경의 한 구절이 이 문제를 해결한다고 생각하다가도 다음에는 다른 구절을 떠올리고, 그다음에는 아무 구절도 해결하지 못한다고 생각할 것입니다. 이처럼 왔다 갔다 하다 신비한 일이 일어납니다. 놀랍게도 기말 과제 마감 이삼일을 남기고 결론에 이른 겁니다.

이렇듯 확신이 생기는 과정에 대한 간단한 설명이 있을 수 있습니다. 아마도 찰리는 그 전에는 생각하지 못했던 새로운 주장을 발견하고, 자기 마음속 모든 문제를 해결했을 수도 있습니다. 하지만 아닐 수도 있습니다. 어쩌면 그는 이 연구를 시작하기도 전에 모든 주장에 대해 알고 있었을 수도 있습니다. 하지만 마감을 이삼일 앞두고 예전에는 설득력 있어 보이지 않던 한 주장이 갑자기 찰리의 생각을 사로잡기 시작한 겁니다. 한 주장에 힘이 실리게 됩니다.

하지만 누군가의 생각 속에서 어떤 주장에 힘이 실리는 과정은 너무나 신비롭습니다.

이런 일은 내게도 종종 일어났습니다. 이 모든 과정과 원인 뒤에 하나님의 섭리가 있다고 믿지만, 이 과정이 어떻게 일어나는지 거의 밝히지 못했습니다. 내게는 감춰진 셈이지요. 하지만 어떤 것과 비슷한지는 압니다. 이것은 만족감이라는 느낌과 비슷합니다. 즉, 이젠 나의 탐구를 끝낼 수 있을 것 같은 느낌이죠. 나에게는 이제 충분한 확신이 있습니다. 나는 확신합니다. 그리고 내가 확신하는 바를 독자들 앞에서 주장할 수 있음을 느낍니다.

과거에 썼던 글에서 나는 이 느낌에 대해 '인지적 휴식'(cognitive rest)[1]이라는 이름을 붙였습니다. 이는 하나의 과업을 끝내고 이제 다른 과업으로 나아갈 수 있는 상태를 말합니다.

이런 방식으로 나는 5장에서 한 나의 주장, 곧 하나님을 믿는 것은 '갑자기 옳게 보이고 느껴지는 하나의 사고방식'이라는 주장을 변호합니다. 이것이 바로 이 책을 쓰는 목적입니다. 나는 여러분이 성경의 하나님과 복음과 예수 그리스도를 신뢰함으로써 인지적 휴식에 이르게 되기를 바랍니다.

　이 적절한 느낌은 확신을 경배로 바꿉니다. 나는 여러분이 어떤 의미에서건 마지못해 하나님을 믿기를 원하지 않습니다. 나는 여러분이 하나님을 기쁘고 감사하는 마음으로 믿기를 바랍니다. 여러분이 악한 것을 미워하고 선한 것을 사랑하게 되기를 바랍니다.[2] 이것이 바로 성경이 말하는 하나님에 대한 믿음의 전부입니다.

7장
성경 속 하나님의 유일성

지금까지 우리는 믿음에 대해 이야기했습니다. 이제 여러분에게 믿도록 청하고 있는 것이 무엇인지 생각할 차례입니다. 간략히 말해 나는 여러분이 '하나님을 믿기'를 바랍니다. 물론 이제 앞으로 보겠지만, 동시에 나는 여러분이 하나님이 포함된 이야기도 믿기를 바랍니다.

우리는 흔히 인류를 두 집단으로, 즉 하나님을 믿는 자들과 그렇지 않은 자들로 나눌 수 있다고 생각합니다. 기숙사에서 종종 이루어지는 대화를 보면, 한 학생이 다른 학생에게 "너 하나님 믿어?"라고 묻습니다. 그러면 그렇다, 혹은 그렇지 않다는 간단한 대답을 듣겠지요.

하지만 그러한 사고방식은 이 질문에 담긴 방대한 복잡성을 모호하게 만듭니다. '하나님'은 많은 이에게 많은 것을 의미하기 때문입니다. 힌두교에는 최고의 신, 브라마(Brahma)가 있습니다. 그는 인간 생각의 영역 훨씬 너머에 존재하고 빛과 어둠을 초월하며 선과 악을 뛰어넘습니다. 제우스는 그리스 신들 중 최고의 신입니다. 그는 질투하고 진노하며 강간을 범하기도 하고 번개를 사람들에게 던지기도 합니다.

아리스토텔레스가 말하는 원동자(Prime Mover)는 만물 가운데 최초의 원인이지만 이 땅에 있는 그 어떤 것도 알거나 사랑하지 않습니다. 플로티노스(Plotinus), 스피노자(Spinoza), 그리고 헤겔(Hegel) 같은 범신론자들의 신도 있습니다. 이 신은 세상과, 세상은 그와 동일합니다. 그리고 챠베리의 허버트(Herbert of Cherbury) 경과 존 톨런드(John Toland) 같은 이신론자들의 신도 있습니다. 이들은 신이 세상을 만들어 자연법에 따라 존재하도록 하였으며, 창조 이후로는 결코 세상에 관여하지 않는다고 생각합니다.

어떤 이들에게 하나님은 자애로운 할아버지나 할머니 같은 분이며, 사랑이 넘쳐서 벌을 주거나 훈계하지 않으십니다. 또 어떤 이들에게 하나님은 복을 나누어 주시는 분으로, 자기 백성이 굳센 믿음을 가지고 기도하기만 한다면 그들이 원하는 모든 것을 주십니다. 또 어떤 이들에게 하나님은 우주적인 경찰이기에 도덕적인 실수를 범한 사람을 덮칠 준비가 되어 있습니다.

아마추어 신학자들이 생각하는 신들(gods)도 있습니다. 이 신학자들은 "네, 나는 하나님을 믿습니다"라고 말하고서는 바로 "나의 하나님은 이런 분이에요" 혹은 "내 하나님은 결코 그런 일을 하실 분이 아니에요"라는 말을 덧붙입니다. 하지만 그들이 어떻게 그것을 안단 말입니까? 우리가 왜 그들을 전문가로 여겨야 합니까?

분명히 이 모든 '신들'은 한 존재에 대한 다양한 이름이 아닙니다. 이 '신들'은 서로 엄청나게 다른 존재입니다. '수면 아래서 모든 종교는 하나다'라는 흔한 말도 버려야 합니다. 아리스토텔레스의 원동자를 예배하는 것은 바알이나 아프로디테를 예배하는 것과 분명히 다릅니다.

나는 이 신들 중 하나가 아니라 오직 성경의 하나님만을 믿으라고 요청하고 있습니다. 하나님에 대한 성경의 생각은 독특합니다. 앞으로 이어질 내용을 통해 이 개념을 요약하려 합니다.

창조주-피조물의 구분

성경의 첫 구절인 창세기 1:1은 태초에 하나님이 천지를 창조하셨다고 우리에게 알려줍니다. 그리고 성경은 하나님이 그의 피조물과는 너무나 다르다고 자주 강조합니다. 하나님은 영원한 반면 피조물은 일시적입니다. 하나님은 모든 것을 아시는 반면 피조물의 지식에는 한계가 있습니다. 하나님은 전능하신 반면 피조물은 상대적으로 연약합니다. 이 각각의 경우에 있어 하나님은 '다릅니다'. 그분은 하나님이지만 우리는 아닙니다. 그분은 세상의 소유자이지만, 우리는 그렇지 않습니다. 하나님은 세상을 위한 규칙을 세우셨지만 우리는 그 규칙을 따라야 합니다.

그래서 하나님의 생각은 어떤 피조물의 생각과도 다릅니다. 이는 단순히 그분이 우리보다 더 많이 아신다는 말이 아닙니다. 그분은 다른 방식으로 아십니다. 하나님은 지식의 궁극적인 기준입니다. 그분은 우리가 아는 모든 것을 다스리십니다. 하나님의 힘은 우리의 힘과, 하나님의 지혜는 우리의 지혜와, 하나님의 공의는 우리의 공의와, 하나님의 사랑은 우리의 사랑과 다릅니다.

죄의 뿌리를 묘사하는 한 가지 방법은 창조주와 피조물 사이의 구별을 거부하는 것입니다. 죄인은 하나님이 세상을 다스리심, 하나님께 명령을 내릴 권리가 있음, 그리고 하나님이 지배하시는 모든 영역에 임재하심 등을 인정하고 싶어 하지 않습니다. 사탄과 그를 추종하는 인간들은 보좌에 계시는 하나님을 대신해 스스로 하나님이 되고 싶어 합니다.

절대적인 인격

성경 속 하나님이 가진 또 하나의 유일한 특징은 절대적인 인격입니다. 절대적이라는 말은 최고의 존재라는 말과 비슷합니다. 하지만 거기에다 편재성과 전지성 같은 개념을 포함합니다. 하나님의 절대성은 하나님에게 부족한 것이 없으시며(행 17:25), 존재와 존재의 지속을 위한 모든 조건이 바로 그분 자신 안에 있다는 성경의 가르침을 포함합니다. 그렇기에 누구도 하나님의 존재를 위협하거나 위험에 빠뜨릴 수 없습니다. 보좌에 계시는 하나님을 대체하고자 하는 사탄의 계획은 극도로 어리석은 것입니다.

하지만 성경의 하나님은 또한 '인격적'입니다. 많은 철학과 종교에서는 절대적인 존재일수록 추상적이며 비인격적이라고 가르칩니다. 하지만 성경에서는 하나님의 절대성과 인격성이 서로를 강화합니다.

절대적이고 인격적인 신이라는 개념은 성경의 독특한 점입니다. 다른 종교와 철학에서는 최고의 존재를 비인격적으로 인식합니다(힌두교의 브라마, 불교의 열반, 고대 그리스 종교의 '운명', 플라톤의 선의 이데아, 아리스토텔레스의 원동자, 스피노자의 '신 혹은 자연', 헤겔의 절대자 등). 어떤 종교는 우리에게 절대적이지는 않지만 인격적인 존재를 예배하라고 말합니다. 예를 들면, 이집트, 바벨론, 가나안, 그리스, 로마, 독일, 스칸디나비아 등의 다신교 사상이 그렇습니다.

물론 유대교와 이슬람교의 경우 인격적이고 절대적인 하나님에 대한 성경적인 관점에 근접해 있습니다. 많은 면에서 그들이 성경으로부터 떠나 있지만 성경에 많은 영향을 받았기 때문입니다. 여호와의 증인과 같이 기독교에 뿌리를 두고 있는 사이비 종파도 비슷합니다.

성경의 하나님은 우리의 모든 필요를 채울 충분한 능력이 있으시며, 우리에게 말씀하실 수도 있습니다. 자신이 어떤 존재이며 자신의 뜻이 무엇인지 말씀하고, 자신의 사랑을 표현하실 수 있습니다. 성경에 나오는 여러 나라의 우상들은 말 못하는 어리석은 존재입니다(합 2:18-19, 고전 12:2). 그러므로 우리가 하나님과 가지는 관계는 온전히 인격적입니다.

하지만 하나님의 인격성은 그 이상입니다. 그분은 삼인격적(tri-personal)입니다. 성경의 하나님은 성부, 성자, 성령 세 인격 안에 한 분 하나님으로 계십니다. 그래서 천사들과 우리와 같은 다른 인격적인 존재를 창조하기 전에도 하나님 자신이 하나의 사회였습니다. 하나님의 사회적인 본성은 그분이 창조하신 사회적 동반자의 유무에 달려 있지 않습니다. 오히려 하나님이 피조물과 친구가 되셨을 때, 피조물들이 자신의 지평 너머 항상 존재했던 놀랍도록 풍성하고 복된 사회로 들어가게 된 것입니다. 이 삼위일체의 교리는 정말 신비롭고 표현하기 어렵습니다. 이 교리는 우리가 성령 안에서 성자를 통해 하나님을 신뢰하게 될 때 가장 잘 배울 수 있습니다.

주님이신 하나님

성경에서 하나님이 자신을 표현하는 데 가장 자주 사용하신 이름은 바로 '주'(Lord)라는 이름입니다. 이 용어는 원래 하나님이 모세에게 보이신 히브리어 이름인 '야웨'(Yahweh, 출 3:14-15)에 해당됩니다. 시간이 흐르면서 유대인들은 야웨라는 이름이 너무나 거룩해서 아도나이, 곧 '주'(그리고 이에 해당하는 헬라어, '퀴리오스')라는 이름으로 대체했습니다. 영어 성경 번역가들은 '야웨', '아도나이', '퀴리오스'를 모두 주(Lord)로 번역했습니다. '주'라는 용어는 영어 성경에 7,000회 이상 등장해서 하나님을 가리키는 데 가장 자주 사용되었고, 신약에서는 주로 그리스도를 가리키는 데 사용되었습니다.

이 용어의 용례에 관한 내 연구의 결론은 성경이 하나님의 주되심을 다른 세 가지 개념과 연결하고 있다는 것입니다. (1) '통치': 주는 자신의 절대적인 능력으로 모든 상황의 모든 면을 통제하는 분입니다. (2) '권위': 주는 명령을 내릴 때마다 그에 대한 순종을 얻을 권리가 있습니다. (3) '임재': 주는 자신이 만든 만물과 사람들이 어디 있든 함께하면서 그들과 친밀한 관계를 맺습니다(시 139편).

특히 주는 사람들과 국가들과 언약을 맺으시는데, 그 언약 안에서 그분은 그들에게 헌신하면서 이렇게 말씀하십니다. "너희를 나의 백성으로 삼고 나는 너희의 하나님이 될 것이다"(출 6:7, 신 4:20, 7:6, 고후 6:16, 계 21:3 참조). 이 관계 속에서 그분은 성막에서, 성전에서, 그리고 그리스도의 인격 안에서(요 1:14) 자신의 백성과 말 그대로 함께하십니다.

그러므로 하나님을 믿는 이유를 논하면서, 나는 다른 누구도 아닌 이 하나님을 믿는 이유를 논할 것입니다.

8장
왜 하나님을 믿는가?

우리는 로마서 1:19-20에 따라 하나님이 창조된 세계 속에 분명히 드러나신다는 사실을 확인했습니다. 모든 사람은 하나님이 존재하신다는 것을 알고 있으며, 그분에 대한 상당한 지식도 가지고 있습니다('그분의 영원하신 능력과 신성', 20절). 그리고 그들은 하나님에 대한 무언가를 알고 있을 뿐만 아니라 그분 자체를 알고 있습니다('하나님을 알면서도…', 21절). 그러므로 하나님에 대한 그들의 지식은 사실에 대한 지식일 뿐만 아니라 한 인격에 대한 지식입니다. 마치 친구가 친구를 알고, 원수가 원수를 아는 것과 같습니다.

사람들이 뭐라고 하는지 상관없이 하나님을 믿는 것은 분명히 말하자면 어려운 일이 아닙니다(3장을 보세요). 특히 하나님 입장에서는 그렇습니다. 하나님은 자신을 분명히 드러내실 수 있습니다.

그래서 불신의 문제는 무지가 아닌 반역이자 진리를 가로막는 것입니다(롬 1:18). 사람들은 하나님을 믿는 데 이유를 필요로 하지 않습니다. 왜냐하면 그들의 의식 어떤 단계에서 그들은 항상 하나님을 믿고 있기 때문입니다.

하지만 그 믿음이 어떻게 표면으로 올라올 수 있을까요? 더 쉽게 말해, 원수에 대한 지식이 어떻게 친구에 대한 지식으로 바뀔 수 있을까요? 어려운 질문입니다. 불신은 집요하고 깊습니다. 불신은 또한 하나님에 대한 지식을 가로막는 주장을 찾아내는 데 아주 뛰어납니다. 실제로 기독교 변증학이 숨기고 싶어 하는 비밀이 여기에 있습니다. 그것은 그 어느 누구도 불신을 내려놓을 수 있다고 보장하지 못한다는 점입니다.

하지만 때때로 사람들은 하나님에 대한 불신에서 믿음으로 돌아섭니다. 본질적으로 이것은 초자연적인 사건이자 성령의 개입입니다(요 6:44, 행 13:48, 16:14, 엡 2:8-10).

하지만 하나님도 때로는 사람을 직접 사용하십니다. 하나님이 사람을 증인으로 사용하실 경우, 불신에 맞선 그 증언은 불가피한 논쟁에서 이길 만한 힘을 갖게 됩니다. 그러므로 언제나 불신을 내려놓을 수 있는 인간의 주장은 없을지라도 때때로 하나님은 어떤 주장들을 사용하셔서 회심을 일으키십니다

물론 하나님은 일반적으로 형편없다고 평가받는 주장을 사용하실 수 있습니다(때때로 정말 그렇게 하십니다!). 그러므로 우리는 하나님이 변증적인 주장들을 어떻게 사용하실지에 대해 미리 판단할 수 없습니다. 하지만 성경적으로 옳은 주장을 찾으려 노력할 수는 있습니다.

(논리의 법칙을 따라) 타당하고 (참된 전제를 사용하기에) 건전한 신 존재를 위한 논증이 많이 있습니다. 다음 논증을 살펴보십시오.

> 성경이 하나님의 말씀이라면, 성경의 가르침은 사실이다.
> 성경은 하나님의 말씀이다.
> 성경은 하나님이 존재하신다고 가르친다.
> 그러므로 하나님은 존재하신다.

이는 하나님의 존재에 대한 완전히 타당하고 건전한 논증입니다. 두 개의 전제 모두 참되고, 이 둘은 함께 타당한 결론, 즉 하나님이 존재하신다는 것을 암시합니다. 하지만 지혜로운 그리스도인들은 비기독교 구도자들이 이 논증을 통해 설득되리라고 기대하지 않습니다. 무언가 빠졌기 때문입니다.

빠진 것은 바로 설득력입니다. 좋은 논증은 타당하고 건전할 뿐 아니라 설득력이 있어야 합니다.[1] 이를 통해 우리는 변증 작업이 얼마나 복잡한지 다시금 상기하게 됩니다. 위에 나오는 논증은 나에게는 설득력을 발휘합니다. 하지만 다른 많은 비기독교 구도자들에게는 그렇지 않습니다. 누군가를 설득하는 주장이 다른 누군가는 설득하지 못할 수 있다는 말입니다. 철학자 조지 마브로드(George Mavrodes)는 논증을 가리켜 개인 변이적(person-variable, 개인에 따라 달라진다는 뜻—역자 주)이라고 했습니다.

나는 이 사실을 5장에서 언급한 바 있습니다. 5장에서 우리는 '믿음의 망'에 대해 논의했습니다. 하나님에 대한 불신이 하나의 삼단논법을 통해 뒤집힐 가능성은 거의 없습니다. 하지만 불신의 망 전체 중 일부가 허물어지게 할 수는 있습니다. 나에게는 설득력 있는 주장이 여러분에게는 그렇지 않을 수 있다고 한 주된 이유가 바로 이것입니다. 하나님에 대한 믿음은 새로운 믿음의 망, 곧 경험의 데이터를 축적하는 새로운 패턴이자, 만물에 대한 새로운 사고방식이자, 새 마음을 상정하고 만들기 때문입니다.

9장
옳음, 그름, 그리고 하나님

종교와 더불어 내게 가장 어려움을 주는 주제는 도덕입니다. 도덕적인 찬사보다 더 큰 자긍심을 주는 찬사는 없습니다. 마찬가지로 도덕적인 비판보다 더 큰 분개와 수치, 그리고 분노를 일으키는 것도 없습니다.

성경의 하나님이 존재한다면, 그분은 도덕적인 질서와 밀접한 관계가 있을 것이 틀림없습니다. 우리는 로마서 1장에서 바울이 하나님의 존재와 속성이 명백하고 분명히 계시되어 있음을 어떻게 지적하는지 보았습니다. 하지만 바울은 사람들이 이 진리를 '가로막'고 있다고 강조합니다. 하나님이 그토록 환히 드러나 계신데 어떻게 그럴 수 있을까요? 바로 도덕적인 반역을 통해서입니다. 그들은 '불의한 행동'으로 진리를 가로막습니다(18절).

바울은 먼저 그들의 종교 속에 있는 이 불의가 어떠한지 묘사합니다. 그들은 우상 숭배자입니다(21-23절). 그리고 거짓 신들을 향한 예배는 우리가 일반적으로 부도덕하다고 묘사하는 행동으로 이어지며, 성적인 부도덕(24-27절)을 비롯해 다른 온갖 종류의 부도덕(28-32절)으로 흐릅니다. 바울이 보기에, 하나님에 대한 거부는 도덕적인 타락과 연결되어 있었습니다.

그리스도인들은 성경 이후의 역사에서도 같은 패턴을 발견합니다. 로마 제국이 그들의 수많은 신들에게 예배했을 때, 시민들은 정부의 부패, 잔인한 게임, 영아 살해, 그리고 성적 타락에 중독되었습니다. 다른 위대한 제국들도 같은 길을 걸었습니다. 미국사도 이와 같았습니다. 양심에 따라 예배하길 원했던 그리스도인들이 수립했고 개인의 자유를 최대한 보장하며 성경적인 율법의 원리를 따르는 국가라면 다른 사회에서 나타나는 도덕적인 부패를 피할 것으로 기대했을 수 있습니다. 하지만 로마서 1-3장에 나오는 바울의 주장은 모든 사람을 고발합니다. 심지어 여기에는 참된 신앙을 고백하는 사람들도 포함됩니다. 미국인들은 첫 식민지 주민들을 지배했던 종교적 확신에서 점차 벗어나면서 도덕적인 끈도 풀어버렸습니다. 고대 로마와 같이 오늘날 미국도 이 세상에서 도덕적인 지위를 잃고 말았습니다. 저속한 성 문화가 유흥 문화를 지배하고 있습니다. 혼외 관계와 결손 가정은 젊은이들을 범죄 문화로 이끌었습니다. 유권자들은 이런 현상을 지속하고자 작심한 것 같습니다. 그 대가로 정부로부터 공짜 혜택을 한껏 받으면서 말이지요.

성경의 주요 주제가 도덕적인 타락과 그에 대한 해결책이라는 사실은 명백합니다. 창조 기사 이후에 성경(창 3장)은 아담과 하와의 타락을 묘사합니다. 바울은 로마서 5:12-21에서 이를 우리 모두 안에 내주하는 죄의 근원이라고 말합니다. 그리고 예수 그리스도께서는 바로 이 죄에 대해 죽기 위해 오셨습니다.

하지만 나는 '역사적으로 하나님에 대한 부인이 문화적 타락으로 이어졌으므로 하나님은 존재하신다'라고 주장하려는 것이 아닙니다. 비그리스도인들에게 로마가 불신앙 때문에 멸망했다거나 미국이 항상 기독교 국가였다거나

9장 옳음, 그름, 그리고 하나님

현대의 문화적 상황이 바로 종교적 변화 때문이라고 설득하기란 쉬운 일이 아닙니다. 하나님에 대한 거부가 도덕적인 타락으로 이어졌다는 주장을 그리스도인들은 믿을지 몰라도 비그리스도인들은 한 귀로 듣고 한 귀로 흘릴 것입니다. 그보다는 하나님과 도덕의 관계를 다른 방식으로 주장하려 합니다.

도덕은 의무감에 기초를 두고 있습니다. 그렇다면 그것은 어디에서 왔을까요? 물론 부모를 비롯해 우리를 키운 분들이 이러한 의무감을 자극하는 데 중요한 역할을 담당합니다. 만약 여러분이 바닥에 시리얼 그릇을 쏟으면, 여러분의 어머니는 당신에게 반드시 그것을 치우라고 말할 것입니다. 그 말을 듣고 나서 화가 날 수도 있겠지요. 그 요구를 회피할 방법을 찾으려 할 수도 있습니다. 하지만 결국 시리얼 그릇을 치워야 한다고 스스로 느낄 것입니다. 여러분의 자녀가 같은 실수를 할 경우에 아마 여러분도 여러분의 어머니처럼 자녀에게 똑같이 말할 것입니다.

하지만 나는 어린 철학자였습니다. 나는 "왜요?"라고 질문했습니다. 왜 부모님께 순종해야 하죠? 저 건너편 집에 사는 멋진 남자가 아니라 아빠에게 순종해야 할 이유가 뭐죠? 내가 어질렀다고 내가 치워야 하는 이유가 뭐죠? 그냥 좀 어질러진 채로 살면 안 되나요? 잠시라도 말이에요. 나는 깔끔한 것을 그다지 좋아하지 않는데, 왜 그렇게 깔끔한 아이가 되길 기대하시는 거죠?

이런 질문들에 대한 직접적인 대답은 보다 높은 수준에 있는 여러 권위에서 찾을 수 있습니다. 여러분이 바닥을 치우지 않으면, 이웃들의 기분이 상할 것입니다. 그들은 여러분이 돼지처럼 산다고 생각할 것이니까요. 그 이웃 너머로 일반적인 의미의 '사회'가 있습니다. 보편적인 에티켓 기준을 신문에 기록하는 사람들 말입니다. 하지만 나는 결코 그들의 기준을 만족시켜야 할 어떤 의무감도 느끼지 못했습니다.

그렇기에 대학에서 철학을 전공했을 때, 나는 학식 있는 사람들이 도덕의 기초라고 생각하는 것에 깊은 관심을 가졌습니다. 나는 세 가지 주된 전통이 있음을 배웠습니다. '의무론적' 학파(칸트, H. A. 프리차드)는 우리가 객관적인 의무 아래 있기 때문에 그것을 범하는 것은 논리적으로 모순된다고 믿습니다. 예를 들어 누군가 약속을 깨는 것이 타당하다고 생각한다고 해 봅시다. 그는 약속이라는 개념(깨지지 않을 서약을 하는 것) 자체를 인정하면서도 동시에 언제든 그 약속을 깰 수 있다고 생각함으로써 그 개념을 부인하고 있습니다. 하지만 이 주장은 논박하기 그리 어렵지 않습니다. 우리 사회에서 약속을 없애는 것은 그리 나쁜 일이 아닐 수 있다고 응답할 수 있습니다. 그리고 약속 같은 것이 없으면, 그러한 모순도 없어질 것입니다.

'목적론적' 전통(에피쿠로스, 존 스튜어트 밀)에서는 도덕성에 대한 두 번째 기초를 제시합니다. 그들은 모든 사람이 행복을 추구한다는 사실을 자명하게 여깁니다. 그렇기에 우리는 우리를 가장 행복하게 하는 행동을 해야 합니다. 어떤 이들은 우리가 다른 사람들의 행복 역시 최대화하려 노력해야 한다는 원리를 덧붙입니다. 하지만 이렇게 덧붙이는 것은 큰 의미가 없어 보입니다. 모든 사람이 최대 다수의 최대 행복을 추구한다면 그보다 더 좋은 세상은 없을 것입니다. 하지만 우리에게 그것을 추구'해야 할' 의무가 있습니까? 자세히 말해, 우리가 우리의 행복을 추구해야 한다고 말하는 데 대한 논거가 무엇입니까? 우리가 자연스럽게 그렇게 행동하기 때문입니까? 모든 사람이 그렇게 하지는 않습니다. 어떤 사람들은 다른 사람들을 위해 자신의 삶을 희생합니다. 그들은 그것을 도덕적인 선으로 여깁니다. 우리가 선천적으로 우리의 행복을 추구한다면, 그러한 행동을 '도덕적' 의무로 만드는 요소는 무엇일까요? 우리는 선천적으로 가장 맛있는 음식을 찾습니다. 하지만 가장 맛있는 음식을 찾는 것이 도덕적인 의무라고 주장하기는 어렵습니다. 그러므로 의무론적이고 목적론적 주장에도 불구하고 '의무'는 수수께끼로 남습니다.

세 번째 전통은 때로 '실존주의'로, 또는 단순히 '주관주의'(프로타고라스, 사르트르)로 불립니다. 이는 우리가 정말 하고 싶은 대로 하는 것을 말합니다. 이 전통은 다른 두 전통이 결국 이르는 지점처럼 보입니다. 그들이 개인의 느낌을 제외하고는 의무감에 대한 정당성을 부여하지 못했기 때문입니다. 하지만 이렇게 되면 다른 누군가에게 '당신이 어지른 것은 당신이 치우세요'라고 말할 근거가 없게 됩니다. 그가 어지럽히고 싶다면, 그에겐 그럴 권리가 있기 때문이지요.

하지만 '의무감'은 그렇게 쉽게 잠재울 수 있는 것이 아닙니다. 시간이 흐르면 제 아무리 어린 철학자라도 의무감을 느낍니다. 의무감을 느낀다는 것은 어떤 느낌을 느끼는 것 이상입니다. 의무는 옳고 그름의 영역에 속해 있습니다. 누군가 한 여성의 지갑을 훔치고 때려 죽게 만든다면, 우리는 그가 잘못된 행동을 했다고 말할 것입니다. 이 때 우리가 느끼는 감정은 길바닥에 케첩이 쏟아져 있는 걸 보았을 때 느끼는 부정적인 감정과는 다릅니다. 케첩은 누군가 어쩌다 쏟았을 수 있겠지요. 하지만 때리는 것은 본질상 의도적인 행동이기에 객관적으로 잘못된 것입니다.

그러니 우리는 계속해서 객관적인 도덕성의 기초에 대해 물어야 합니다. 옳은 것을 옳게 만들고 잘못된 것을 잘못된 것으로 만드는 신비한 구조 같은 것이 세상에 있을 수 있을까요? 사람들은 종종 도덕법이 물리 법칙처럼 그냥 원래 존재하는 거라고 말합니다. 올라간 것은 반드시 내려가야 하듯, 다른 사람을 배신한 사람은 도덕 기준을 어긴 것이라는 겁니다. 하지만 이 말은 설득력이 없습니다. 물리학에서 올라간 것은 그저 내려올 뿐입니다. 여기에 의무 같은 것은 없습니다. 공을 공중으로 던졌을 때, 그 공은 스스로 내려갈지 말지를 결정하지 않습니다. 공은 중력 법칙을 따르기는 하지만, 그 법칙이 도덕법은 아닙니다.

데이비드 흄(David Hume)과 후대의 G. E. 무어(G. E.

Moore)는 단순한 사실명제('is')로부터 도덕명제('ought')를 끌어낼 수 없다고 말합니다. 어지럽히는 것은 불쾌하다는 진술, 곧 사실명제는 어지럽혀서는 안 된다는 의무명제를 의미하지 않습니다. 흄의 주장은 당대 이후 계속 도전받고 더욱 정교화되었습니다. 하지만 대부분의 사람들은 그의 주장 뒤에 깔린 기본적인 통찰에 동의할 것입니다.

의무는 매우 독특한 것입니다. 여러분은 이 의무를 볼 수도, 들을 수도, 맛볼 수도 없습니다. 이것을 밝혀 낼 과학적 수단은 없습니다. 과학이나 철학, 또는 역사를 배운 사람이라고 해서 평범한 사람보다 도덕적 의무에 대해 더 많이 아는 것은 아닙니다. 하지만 우리는 자주 그렇게 생각합니다.

그렇다면 옳고 그름에 대한 우리의 감각은 어디서 오는 것입니까? 우리의 경험에 비춰볼 때, 이 감각은 부모, 교사, 지도자, 목회자, 사회 평론가 등에게서 배웁니다. 우리는 마음속으로 누구를 믿고 누구를 믿지 말아야 할지 분류합니다.

하지만 우리는 이것을 어떻게 결정합니까? 이 과정은 아주 개인적으로 이뤄집니다. 이것은 충성심, 사랑과 관련되어 있습니다. 사람들은 누군가를 사랑하고 그의 충성을 끌어냄으로써 그에게 무엇이 옳고 그른지 정의할 권리를 얻습니다. 누군가 나를 사랑하고 나의 충성을 끌어낼 때, 나는 그들의 편에 섭니다. 나는 그들을 즐겁게 하는 행동을 하는 법을 배웁니다. 그리고 나는 그 충성심과 사랑을 강화시키는 도덕을 마음에 품게 됩니다. 이것이 바로 5장에서 말했던 '신뢰의 망'입니다.

하지만 인간적인 사랑과 충성만으로는 충분하지 않습니다. 여러분이 사랑하는 사람이 잔인하고 잔혹하며 심지어 사람을 죽인다면 어떻게 될까요? 그런데 그런 일이 종종 일어납니다. 이런 일이 일어날 때, 우리는 도덕의 근원이 우리 가족, 우리 가문, 심지어 우리 교회보다 중요하다는 사실을 깨닫습니다. 지금 우리의 충성심보다는 중요하지만, 그렇다고 충성심 자체보다 중요하지는 않은 거죠. 도덕은 더 고귀한 충성과 사랑을 기초로 합니다. 도덕은 더 위대한 가족에 기초해 있으면서 결코 괴물이 될 수 없는 누군가의 지도를 받습니다.

즉, 도덕은 하나님께 의존하고 있습니다. 이 결론을 거부하는 사람도 있을 것입니다. 하지만 이것에 대한 거부는 객관적인 도덕이 있을 가능성 자체를 부인하는 것입니다. 선택은 당신의 몫입니다.

하지만 도덕을 거부하는 것은 이성적인 분석이라기보다는 '진리를 가로막는'(롬 1:18) 반역에 가깝습니다.

10장
옳음, 그름, 그리고 믿음

5장과 6장에서 나는 무언가를 믿는 이유가 총체적이며(즉, 우리가 가진 다른 믿음의 덩어리 전체에 의존하며) 개인 변이적이라고(즉, 우리 모두 서로 다른 믿음 덩어리를 가지고 있기에 무언가를 믿을 때 근거를 구성하는 요인도 각자 다르다고) 주장했습니다. 나는 또한 '신뢰의 망', 즉 우리 믿음들을 제어하는 사랑과 충성의 공동체를 언급했습니다. 마찬가지로 앞 장에서는 하나님에 대한 도덕적인 논증을 진술했습니다.

이러한 주장은 도덕적 의무가 개인의 사랑과 충성에 의지한다는 통찰에서 비롯된 것입니다. 이러한 통찰은 내 안에 더욱 분명해졌고 특히 그 대안을 고려하기 시작한 이후

더더욱 그러했습니다. 하지만 어떤 사람들은 이 통찰을 인정하지 않았습니다. 나의 통찰은 그들이 지닌 믿음 덩어리와 어울리지 않았기 때문입니다. 내게는 좋은 논증으로 보이는 것이 다른 누군가에게는 그렇지 않을 수 있습니다.

내가 보기에 이 통찰을 거부하는 것은 '진리를 가로막는' 한 방법입니다(롬 1:18). 이 통찰은 하나님의 계시의 명확성과도 관련이 있습니다(19-21절). 이것을 거부하면 로마서 1장 후반부에 묘사된 모든 도덕적인 부패로 이어집니다. 그 결과 마지막 심판 날 하나님 앞에 설 때 변명할 수 없을 것입니다. 하지만 이 통찰과 대립하는 생각들이 우리 마음을 가득 채우고 있어 이러한 도덕적인 통찰을 받아들이지 못할 것처럼 느낄 수 있습니다. 오직 하나님의 초자연적인 행위만이 이 상황을 교정할 수 있습니다. 이것이 바로 지금까지 새 마음의 창조라 불러온 것입니다.

새 마음은 옳은 것을 옳게, 그른 것을 그르게 볼 것입니다. 로마서 1장에서 바울이 말했듯, 이 새 마음은 인류와 사회의 부패를 역겨워할 것입니다. 그리고 하나님의 사랑을 인정하고 그분께 충성하는 데서 거룩과 의로움이 온다는 사실을 이해할 것입니다. 또한 자율성에 대한 교만한 주장이 아니라(4장), 하나님 자신의 계시와 그 계시를 오랜 세월 보존하고 가르쳐온 교회 공동체에 드러난 하나님을 포함하는 새로운 신뢰의 망에 의해 움직일 것입니다.

새로운 신뢰의 망에 의해 동기부여를 받은 새 마음은 우리에게 영향을 끼쳐 오래된 많은 믿음을 버리고 새로운 많은 믿음을 받아들이게 할 것입니다. 4장과 다른 곳에서 나는 인간의 행위뿐만 아니라 믿음에 대해 진술할 때도 도덕적인 '책임'과 '의무'라는 단어를 사용했습니다. 우리가 해야 할 행동, 하지 말아야 할 행동이 있는 것처럼 믿어야 할 것, 믿지 말아야 할 것이 있습니다.

우리 모두는 이에 대한 명백한 예시들을 떠올릴 수 있습니다. 누군가가 피부색 때문에 어떤 이들을 열등하다고 믿는다면, 우리는 그 믿음이 거짓일 뿐 아니라 도덕적으로 잘못되었다고 망설임 없이 말할 것입니다. 우리는 그의 주장을 '믿지 않아야' 합니다. 이런 믿음은 비합리적인 증오에 의해 일어날 수 있기에 우리는 그런 미움을 표현하는 믿음을 거부해야 합니다. 그뿐 아니라 우리는 이와 반대되는 믿음, 곧 사람의 가치는 피부색으로 결정될 수 없다는 믿음을 '붙들어야' 합니다. 이 믿음은 우리가 도덕적으로

견지할 의무가 있는 믿음입니다.

하지만 이 원리는 이런 예시들이 제안하는 것보다 더 폭넓게 적용됩니다. 일반적으로 우리는 진실한 것을 믿고 거짓된 것을 믿지 말아야 합니다. 그렇다고 해서 모든 거짓된 믿음이 도덕적인 범죄라는 의미는 아닙니다. 네 살짜리 어린이가 달이 지구를 돌고 있다는 사실을 믿는 것은 도덕적인 의무가 아닙니다. 어떤 거짓 믿음에 대해서는 쉽게 변명할 수도 있습니다. 하지만 이런 경우라도 우리가 변명이 필요하다고 생각하는 경향이 있다는 것은 흥미롭습니다. 변명이라는 것 자체가 도덕과 관련된 용어입니다. 거짓에 대해 변명한다는 개념은 믿음을 도덕성과, 인식론을 윤리학과 연결합니다.

그러므로 우리는 어떤 것은 믿고, 또 어떤 것은 믿지 말아야 합니다. 9장에서 주장했듯 만약 하나님이 옳고 그름의 근원이라면, 우리는 무엇보다 하나님을 믿어야 합니다.

윤리는 하나님을 믿어야 할 이유를, 즉 하나님에 대한 증거를 제공합니다. 하지만 윤리는 이외에도 많은 역할을 합니다. 우리에게 하나님이 없으면 윤리도, 더 나아가 추론도 불가능합니다. 누군가 말했듯, 윤리와 추론은 하나님을

'전제합니다'.

이는 누군가 하나님의 존재를 부인할 때조차 하나님의 존재를 전제하고 있다는 말입니다. 이 점을 설명하기 위해 코넬리우스 반틸은 자신이 본 한 장면을 떠올렸습니다. 그는 기차에서 한 여자아이가 화가 나서 아빠의 뺨을 있는 힘껏 계속 때리는데 아빠가 그대로 두는 장면을 보았습니다. 심지어 아빠는 딸이 그러는 동안 자신의 무릎에 앉힌 채 붙잡고 있었다고 합니다. 죄인이 바로 이와 같다고 반틸은 말했습니다. 하나님이 죄인을 붙들지 않으시면 죄인은 결코 하나님께 반박할 수조차 없을 것입니다.

11장
만물이 하나님에 대한 증거다

나는 윤리가 하나님에 대한 증거를 제공한다고 말했습니다. 다른 증거는 없을까요? 이런 질문을 한다는 것은 지난 두 장의 핵심을 놓쳤다는 의미입니다. 다시 한 번 설명하겠습니다.

버트런드 러셀(Bertrand Russell)은 무신론자이자 철학자였습니다. 누군가 그에게 이렇게 질문했습니다. "만약 죽고 난 후 하나님을 만났는데, 하나님이 '너는 왜 나를 믿지 않았느냐?'고 질문하신다면 뭐라고 대답하겠습니까?" 이에 대해 러셀은 이렇게 대답했습니다. "증거가 충분하지 않았습니다."

나는 많은 사람이 이렇게 느낀다고 생각합니다. 만약 하나님이 존재한다 하더라도, 그분은 보이지 않습니다. 어디로 간다 하더라도 발견할 수 없죠. 하지만 여기서 문제는 하나님을 찾는 자들이 어떤 방법론에 이미 얽매여 있다는 점입니다. 그들은 새로운 무척추동물이나 새로운 소행성, 또는 새로운 자연법을 찾는 데 쓰는 방법으로 하나님을 찾습니다.

이런 방식으로는 하나님을 찾을 수 없습니다. 사실 하나님은 이런 방식으로 발견되기를 거부하십니다. 하나님은 인격적인 존재입니다. 하나님은 자신을 드러낼 때에도 주도권을 가지고 계십니다. 그러므로 하나님은 사람들이 그들 자신의 자율성을 전제하는 방식으로는 하나님을 발견하도록 허락하지 않으실 것입니다.

하지만 새 마음은 자율성에 대한 주장을 거부합니다. 그 결과 새 마음은 모든 곳에서 하나님을 발견합니다. 로마서 1:19-20에서 바울은 하나님이 만드신 온 세상에 분명히 보인다고 말합니다. 갯민숭달팽이도 예외가 아닙니다.

어떻게 그럴까요? 만약 갯민숭달팽이를 관찰한다면, 우리는 하나님의 방법으로 해야 할 것입니다. 우리의 목표는 그 생명체에 대해 우리가 믿어야만 하는 것을 믿는 것입니다. 이 의무 아래서 우리는 이미 하나님을 인식합니다. 우리가 믿어야 하는 것은 곧 하나님이 우리가 믿기를 원하시는 것입니다.

이것만으로도 충분합니다. 하지만 신뢰의 망이라는 컨텍스트 속에서 새로운 사고로 갯민숭달팽이를 연구할 때, 그 연구자는 하나님의 지혜의 놀라움에 감탄하지 않을 수 없을 것입니다(시 104:24). 하나님은 갯민숭달팽이에게는 달팽이를 보호하는 껍데기를 주지 않으셨습니다. 만약 껍데기가 있었더라면 여느 달팽이와 비슷했을 것입니다. 대신 하나님은 어떤 갯민숭달팽이에게 너무나도 정교하고 아름다운 색깔을 주셨습니다. 진실로 이 갯민숭달팽이는 하나님의 창조 세계에 드러난 지혜의 증거입니다.

나의 벗인 번 포이트레스는 자신의 책 『과학을 구속하다』(*Redeeming Science*)[1]에서 과학자들이 반드시 하나님을 믿어야 한다고 주장합니다. 왜냐하면 과학 법칙에는 그 정의상 하나님의 속성이 깃들어 있기 때문입니다. 과학 법칙은 전능하고 보편적이며[2] 그 성격이 인격적이며(즉, 이성적이고 언어로 전달 가능하며)[3] 불가해하고[4] 선하며[5] 아름답고[6] 의

로우며7 심지어 어떤 의미에서는 삼위일체적이기까지 합니다.8

그러므로 새 마음으로 보는 한 이 세상에 하나님에 대한 증거는 광대하고도 깊습니다. 그 어떤 것도 예외가 될 수 없습니다. 하나님이 피조물 속에 '명백히' 드러나 있다고 한 바울의 말은 옳습니다.

어떤 사람들은 원인과 결과의 연결성도 하나님의 존재에 대한 특별한 증거라고 가르쳤습니다. 그들은 인과의 사슬은 어디선가 끝나기 마련이라고 주장합니다. 무한히 진행되지 않는다는 것이죠. 그 사슬이 무한히 이어진다면, 참되고 완전한 원인을 결코 찾을 수 없을 것입니다. 이 인과의 사슬은 끝이 없거나 자신에게 되돌아오거나 어떤 비논리적인 사실의 일종일 것입니다.

인과론은 실로 하나님의 지혜를 드러내고 있으며 새 마음은 그것을 바라볼 수 있게 해줍니다. 하지만 만약 누군가 인간의 자율성을 전제로 하는 옛 생각으로 인과론을 이해하려 노력한다면, 이 인과의 사슬은 하나님에게서 끝나지 않을 것이 분명합니다. 만약 하나님에게서 끝난다면, 이는 인간의 자율성의 종말을 의미합니다. 다시 말해 우리

스스로 하나님 없이 인과론을 이해할 수 있다고 생각하면서 그로부터 하나님의 존재를 이끌어낼 수는 없습니다. 오히려 인과론은 이미 하나님을 전제하고 있습니다. 그게 아니라면 별 의미 없는 개념일 뿐입니다.

어떤 사람들은 누군가 하나님을 전제한다면, 증거를 고려하기도 전에 믿은 것이기에 증거에 아무 의미도 없다고 주장합니다. 사실 여러분이 하나님을 전제하지 않을 때, (하나님을 위한 것이든 다른 것을 위한 것이든) 모든 증거가 의미를 잃을 것입니다. 여러분이 하나님을 전제한다면, 엄청난 증거가 여러분을 압도하는 세상에 살게 될 것입니다.

악

하지만 어떤 사람들은 하나님의 존재를 부정하는 증거가 압도적으로 많다고 믿습니다. 그 증거는 부인할 수 없는 존재, 곧 부인할 수 없는 악의 무게에서 옵니다. 도덕이 하나님을 요구한다면 비도덕은 하나님을 논박하면서 우리를 꼼짝없이 고립 상태에 빠뜨리는 것처럼 보입니다.

하나님을 부인하는 주장은 이렇습니다. '만약 하나님이 선하다면, 악을 제거하길 원하실 것이다. 그리고 만약 하나님이 전능하다면, 악을 제거하실 수 있을 것이다. 하지만 악은 존재한다. 그러므로 선하면서도 전능한 하나님은 존재하지 않는다.'

기독교 지지자('변론가')들은 이 주장을 못 들은 체하지 않았습니다. 이에 대한 표준적인 논박만 해도 아홉 혹은 열 가지가 있습니다.[9] 하지만 내게 가장 도움이 되었던 것은 성경이 이 주장을 어떻게 다루는지 보는 것이었습니다. 왜냐하면 '현대인들'만 유별나게 이 문제를 제기한 게 아니기 때문입니다. 타락 이후 악은 우리 주변에 항상 존재합니다. 그리고 우리와 마찬가지로 고대인들 역시 이 문제로 고통당했습니다. 사실 성경의 주요 줄거리가 바로 악에 대한 것이지 않습니까? 악이 세상에 왔으며, 하나님이 치료책을 제시하셨고, 그 치료책이 성공을 거둔 것이지요.

성경에는 악에 대한 세 가지 반응이 등장합니다. 이 세 가지 반응은 모두 우리에게 새 마음, 곧 그리스도의 마음으로 상황을 보길 요구합니다.

첫 번째 대응은 욥의 고통에서 나타납니다. 하나님이 주신 고난으로 인해 철저히 비참해진 욥은 하나님과 대화하기를 원하며 절규합니다(욥 23:1-7, 31:35-37). 그는 하나님께 수많은 질문을 던지려 했습니다. 하지만 하나님이 대화에 응하셨을 때, 욥은 침묵할 수밖에 없었습니다. 오히려 질문을 던지신 쪽은 하나님이었고, 욥은 어떻게 대답할지 몰랐습니다(38:3). 대화가 진전될수록 욥은 자신이 지구의 날씨와 동물에 대해서조차 알지 못하는 게 많음을 알게 되었습니다. 하물며 악을 다루시는 하나님의 손길을 어찌 이해할 수 있다고 생각하겠습니까?

결국 욥은 이렇게 말합니다. '그러므로 저는 제 주장을 거두어들이고 티끌과 잿더미 위에 앉아서 회개합니다'(42:6). 바울 역시 자신의 동족인 이스라엘의 불신앙에 대해 고통스러워하면서도 자신이 하나님을 비난할 수 없음을 인정합니다. "오 사람아 그대가 무엇이기에 하나님께 감히 말대답을 합니까? 만들어진 것이 만드신 분에게 '어찌하여 나를 이렇게 만들었습니까?' 하고 말할 수 있습니까"(롬 9:20).

욥과 바울은 본성상 하나님은 인간의 비난을 받을 분이 아니라는 사실을 깨달았습니다. 하나님은 주인이자 만물을 통제하는 분이며, 그분의 권위는 모든 피조물의 생각과 말을 다스리십니다(우리가 7장에서 논의한 것을 상기해보십시오).

그렇기에 하나님은 권위자의 태도를 보이십니다. 옛 생각을 가진 현대인들은 이를 불쾌해하겠지만, 여기에는 조금도 문제가 없습니다. 하나님은 최고의 권위자이며, 그분에게는 자신이 창조한 피조물을 마음대로 할 권리가 있습니다. 우리가 앞으로 보겠지만, 하나님이 하시는 일은 언제나 옳습니다. 우리에게는 하나님이 하시는 바를 평가할 자격이 없습니다. 오히려 욥과 바울처럼 우리는 언제나 하나님의 섭리에는 우리가 이해하지 못하는 무언가가 있다고 생각해야 합니다. 그리고 그 섭리를 완전히 이해하게 될 때, 우리는 결국 하나님의 선하심과 능력이 얼마나 정당했는지 깨닫게 될 것입니다.

악의 존재에 대한 성경의 두 번째 반응은 '더 큰 선 변론'(greater good defense)이라고 불립니다. 로마서 8:35에서 바울은 자신을 비롯한 당시 그리스도인들이 감당하고 있었던 '환난, 곤고, 박해, 굶주림, 헐벗음, 위협, 칼'에 대해 말합니다. 그는 이 가운데 어떤 것도 그들을 그리스도의 사랑에서 끊을 수 없다고 말합니다(39절). 이런 맥락에서 바울은 '하나님을 사랑하는 사람들…에게는 모든 것이 서로 협력해서 선을 이룬다'(28절)는 하나님의 약속을 제시합니다. 언젠가 우리는 우리가 경험했던 악들을 돌아볼 것입니다. 그리고 그때 그 악들이 더 큰 선으로 인도하는 하나님의 길이었음을 알게 될 것입니다.

세 번째 대응은 하나님이 우리 마음을 변화시키셔서 우리가 더 이상 악을 문제로 여기지 않게 하실 것이라는 점입니다. 성경의 마지막 책인 요한계시록은 성도들의 합창을 묘사합니다.

> 그들은 하나님의 종 모세의 노래와 어린 양의 노래를 부르고 있었습니다. "주 하나님 전능하신 분 주님께서 하시는 일은 크고도 놀랍습니다. 만민의 왕이신 주님, 주님의 길은 의롭고도 참되십니다. 주님, 누가 주님을 두려워하지 않겠습니까? 누가 주님의 이름을 찬양하지 않겠습니까? 주님만이 홀로 거룩하십니다. 모든 민족이 주님 앞으로 와서 경배할 것입니다. 주님의 정의로운 행동이 나타났기 때문입니다"(계 15:3-4).

그날에 우리는 어떠한 망설임이나 주저함도 없이 하나님의 공의, 진리, 거룩하심을 찬양할 것입니다. 그곳에는 악의 문제가 없을 것입니다. 무슨 일이 일어난 것일까요? 하나님이 우리에게 더 많은 정보를 주셔서 세상에 있는 모든 악이 어떻게 더 큰 선으로 이어졌는지 알게 하신 것일까요? 아니면 하나님이 그저 우리 마음을 바꾸셔서 하나님이 이 모든 악을 이기시는 것을 보게 하신 것일까요? 본문에서는 단지 하나님의 의로우신 행위에 대한 계시로 인해 우리가 웅장한 찬송을 드리게 된다는 점을 말해줄 뿐입니다. 그 계시가 우리에게 어떻게 주어지는지에 대해서는 언급하지 않습니다.[10]

이 세 가지 반응은 모두 새 마음에서 나오는 반응입니다. 그리고 이 세 반응은 하나님이 과연 선하고 전능한지 판단할 권리를 자율적인 인간에게 허락하지 않습니다. 오히려 하나님 그분을 하나님의 행위에 대한 궁극적인 해석자로 받아들입니다. 하나님이 그 해석을 신비로 남겨두실 때조차 그렇게 했습니다. 다음 몇 장에서 우리는 하나님의 자기 계시에 대해 좀더 살펴볼 것입니다. 첫 번째 반응은 우리가 얼마나 보잘것없는 존재인지 깨닫게 합니다. 두 번째 반응은 이 세상 문제들을 믿음으로 보도록 요구하는 약속을 줍니다. 세 번째 반응은 언젠가 새 마음이 우리 안에 완전히 이루어질 때 우리가 어떻게 생각하게 될 것인지 보여줍니다.

새 마음은 하나님만이 악에 대한 최종적인 말씀을 하실 수 있다는 사실을 신뢰합니다. 성경의 메시지는 하나님이 악에 대해 하셨고 또 하고 계신 일을 보여줍니다. 또 성경의 메시지는 하나님이 고난과 고통 가운데 있는 우리에게로 합류하실 때 어떤 아픔을 겪으셨는지 보여줍니다. 예수님이 가장 깊은 곳, 곧 죽음에까지 낮아지실 때도 하나님은 그분 안에 계십니다. 그러므로 새 마음은 하나님, 오직 하나님만이 최종적인 대답을 알고 계신다고 신뢰하는 것입니다. 하나님이 계시지 않으면, 선과 악은 아무런 의미가 없습니다. 반대로 하나님이 계시면, 우리는 우리와 함께 사망의 어두운 골짜기를 지나는 친구를 얻습니다. 그러므로 악은 그 자체로 하나님에 대한 증거입니다.

12장
하나님은 우리에게 말씀하시는가?

지금까지 우리는 바울에 따르면 하나님이 지으신 만물을 보고서 깨닫게 되어 있는 것에 대해 탐구했습니다(롬 1:20). 실제로 우리는 이 계시로부터 하나님에 대해 어느 정도 알게 됩니다. 우리는 하나님이 존재하시며, 영원한 능력을 가지고 계신다는 사실을 압니다. 또한 그분에게는 고대인들이 '신성'이라 불렸던 속성과 특성이 있음을 압니다(같은 절). 여기에는 옳음과 그름에 대한 그분의 특별한 관심도 포함됩니다. 9장과 10장에서 살펴본 것처럼, 옳고 그름에 대한 우리의 감각이야말로 하나님의 존재에 대한 가장 강력한 증거 중 하나입니다. 로마서 1장 뒷부분에서 바울은 하나님을 부인하는 것이 우상 숭배(23절), 성적 범죄(24-27절), 참으로 모든 종류의 죄악(28-32절)으로 이어진다고 말합니다.

우리의 양심은 우리가 이 모든 것과 관련되어 있음을 드러냅니다. 양심은 우리가 의롭고 거룩하신 하나님의 심판을 결코 버틸 수 없을 것이라고 말해줍니다.

마찬가지로 어디에나 있는 하나님에 대한 증거로는 또한 하나님의 말씀이 있습니다. 하나님은 우리에게 메시지를 주고 계십니다. 그분은 하나님을 부인할 때 우리 존재의 법칙을 부인하게 된다고 우리에게 말씀하십니다. 사회가 지금처럼 악한 것도 이 때문입니다(9장 내용을 생각해 보십시오). 새로운 방식으로 만물을 보기 위해 우리에게 새 마음이 필요한 이유가 바로 이 때문입니다(고후 5:17).

하지만 우리를 향한 하나님의 메시지가 전적으로 부정적인 내용만 있는 것은 아닙니다. 이 메시지는 이 세상이 전적인 우연의 결과가 아니라 선과 아름다움에 관심을 갖고 있는 한 존재가 만든 작품이라고 말합니다. 제아무리 가련한 사람이라 하더라도 모든 사람은 하나님의 선하심을 경험해왔습니다. 우리 모두는 생명이라는 축복과 이 선한 세상에 살아가는 특권을 경험했습니다.

그렇기에 바울은 루스드라의 이방인들에게 다음과 같이 말합니다. "(하나님이) 자기를 증언하지 아니하신 것이 아니니 곧 여러분에게 하늘로부터 비를 내리시며 결실기를 주시는 선한 일을 하사 음식과 기쁨으로 여러분의 마음에 만족하게 하셨느니라"(개역개정. 행 14:17). 이들은 바울이 로마서 첫 장에서 정죄했던 바로 그 이방인들입니다. 하나님을 부인하는 자요, 하나님의 원수들이죠. 이 두 진리를 놀랍도록 조화시키는 한 가지 사실은 바로 하나님이 자신의 원수들을 사랑하신다는 것입니다(마 5:43-48).

하지만 원수들이 영원한 심판을 당할 운명임을 아시는 하나님이 어떻게 그들을 사랑하실 수 있을까요? 이는 아주 심오한 질문이기에 나중에 다룰 것입니다. 지금은 사도행전 14:17에서 하나님의 자애로우심이 '증언'이라 한 것을 떠올려 봅시다. 무엇에 대한 증언입니까?

사도행전 17:27에서 바울은 아테네에 사는 다른 부류의 이방인들에게 다음과 같이 말합니다. "그분은…(사람들이) 살 시기와 거주할 지역의 경계를 정해 놓으셨습니다. 이렇게 하신 것은 사람으로 하여금 하나님을 찾게 하시려는 것입니다. 사람이 하나님을 더듬어 찾기만 하면, 만날 수 있을 것입니다." 하나님은 우리 각자가 자신의 친구가 되기를 원하시지, 원수로 남기를 원하지 않으십니다. 하나님은 우리 각자가 그분의 존재와 속성을 고백하고 그분을 예배하여, 그 결과 바울이 로마서 1장에서 묘사한 죄악 된 삶에서 떠나기를 원하십니다. 하나님은 선한 것으로 우리를 채우셔서 우리가 죄악 된 마음과 죄를 회개하도록 동기를 부여하십니다.

고통과 비극을 경험한 사람들에 대해서는 어떻습니까? 11장에서 보았듯 그 고통과 비극 역시 증언입니다. 누가는 비극적인 일이 일어났다는 소식을 듣고 예수님이 보이신 반응에 대해 다음과 같이 묘사합니다.

> 바로 그 때에 몇몇 사람이 와서 빌라도가 갈릴리 사람들을 학살해서 그 피를 그들이 바치려던 희생제물에 섞었다는 사실을 예수께 일러드렸다. 예수께서 그들에게 대답하셨다. "이 갈릴리 사람들이 이런 변을 당했다고 해서 다른 모든 갈릴리 사람보다 더 큰 죄인이라고 생각하느냐? 그렇지 않다. 내가 너희에게 말한다. 너희도 회개하지 않으면 모두 그렇게

망할 것이다. 또 실로암에 있는 탑이 무너져서 치여 죽은 열여덟 사람은 예루살렘에 사는 다른 모든 사람보다 더 많이 죄를 지은 사람이라고 생각하느냐? 그렇지 않다. 내가 너희에게 말한다. 너희도 회개하지 않으면 모두 그렇게 망할 것이다"(눅 13:1-5).

이와 같은 끔찍한 사건들은 하나님의 아름다우심과 선하심이 이 세상 악과 함께 있다는 사실을 우리에게 상기시킵니다. 아름다움과 선함과 비극은 모두 한 가지 목적을 가지고 있습니다. 바로 우리가 회개하게 하는 것입니다. 하나님은 우리가 죄에서 돌이키고 하나님을 친구로 받아들이길 원하십니다. 앞 장에서 보았듯 악의 존재마저 선한 결과를 가져오는 것입니다.

13장
거룩한 책

지금까지 우리는 이 창조된 세상에서 하나님이 우리에게 자신을 뚜렷하게 계시하셨음을 보았습니다. 이 계시는 바로 하나님의 존재와 속성과 선함과 다가올 심판에 대한 것입니다. 이 계시 안에서 하나님은 우리가 죄에서 돌이키고 자신의 친구가 되도록 우리를 부르십니다.

하지만 어떻게 그렇게 할 수 있을까요? 우리가 과거에 범한 죄는 우리를 무겁게 짓누릅니다. 설령 우리가 자신을 개선하고, 모든 나쁜 습관을 제거하고, 지금부터 모범적인 삶을 산다 하더라도 과거에 이미 범한 일들로 인해 우리는 여전히 죄인입니다. 의로우신 하나님은 이것을 무시하실 수 없습니다. 그리고 사실 우리의 옛 습관을 멈출 수 없다는 것을 우리 마음은 알고 있습니다. 그렇게 할 수 있는 도덕적인 힘이 우리에게 없습니다. 바울은 로마서 8:8에서 이같이 말합니다. "육신에 매인 사람은 하나님을 기쁘게 해 드릴 수 없습니다." 이 말씀에서는 '할 수 없다'는 표현을 강조해야 합니다. 여기서 '육신'은 하나님에 대해 적의를 품고 있으며 의로운 일을 행하기엔 연약하고 무능한 인간의 삶을 말합니다.

하지만 창조된 세상에 드러난 하나님의 계시는 이 지점에서 우리에게 도움이 되지 못합니다. 이 계시는 우리가 지금 어찌할 수 없는 상황에 처해 있음을 보여줄 뿐, 거기서 탈출할 방법을 알려주지는 않습니다.

다만 이 계시는 추가적인 무언가를 가리킵니다. 아테네에서 설교했을 때, 바울은 이렇게 설교를 마쳤습니다.

> 그러므로 하나님의 자녀인 우리는 신을, 사람의 기술과 고안으로 금이나 은이나 돌에다가 새겨서 만든 것과 같다고 생각해서는 안 됩니다. 하나님께서는 무지했던 시대에는 눈감아 주셨지만, 이제는 어디에서나 모든 사람에게 회개하라

고 명하십니다. 그것은, 하나님께서 세계를 정의로 심판하실 날을 정해 놓으셨기 때문입니다. 하나님께서는 자기가 정하신 사람을 내세워서 심판하실 터인데, 그를 죽은 사람들 가운데서 살리심으로, 모든 사람에게 확신을 주셨습니다(행 17:29-31).

이 본문에는 새로운 무언가, 즉 역사적인 발전이 등장합니다. 창조된 세상에 나타난 하나님의 계시는 대부분 일정합니다. 다소 축복과 비극 사이를 오락가락하기는 하지만, 항상 동일한 메시지를 제시합니다. 즉, 하나님은 우리의 창조주이며 올바른 것과 잘못된 것에 관심을 가지시는 분이라는 메시지입니다. 하나님은 죄에서 돌이켜 자신의 친구가 되라고 우리에게 청하십니다. 이 메시지는 인간이 처음 죄를 범한 이래로 언제나 동일했습니다. 하지만 바울은 새로운 무언가에 대해 설교합니다. 하나님이 과거에는 우상 숭배를 '눈감아 주셨지만' 이제는 회개라는 새로운 요구를 하셨다는 것입니다.

이처럼 새로운 요구를 하는 이유는 심판이 오고 있기 때문입니다. 물론 심판은 언제나 오고 있었습니다. 하지만 지금 우리는 이 심판을 더욱 강렬하게 예상할 수 있습니다. 왜냐하면 하나님이 이미 법정을 준비해 놓으셨기 때문입니다.

심판은 낯선 방식으로 올 것입니다. 물론 모든 사람이 예상하듯 하나님이 심판하실 것입니다. 다만 '정하신 사람을 내세워서' 심판하게 하실 것입니다. 이것은 예상 밖의 새로운 전개이자 앞에서 말한 추가적인 무언가입니다. 어떤 사람이 이 일을 할 수 있을까요? 누가의 설명에 따르면, 아테네에 있던 바울은 이 인간이자 신인 심판자에 대해 많은 내용을 말할 수 없었습니다. 본문에는 그의 이름조차 언급되지 않습니다. 하지만 바울은 이 심판자의 정체를 밝힐 확실한 방법을 아테네인들에게 제시합니다. 그가 하나님이 죽음에서 일으킨 사람이라는 사실입니다.

몇 사람이 바울의 말을 믿었고 어떤 사람들은 판단을 보류했습니다. 하지만 또 어떤 이들은 비웃었습니다(32절). 왜냐하면 그들에게는 죽음에서 부활했다는 개념이 터무니없게 들렸기 때문입니다. 아마도 루돌프 불트만(3장)처럼 초자연적인 이야기에 회의적인 태도를 보인 사람들도 있었을 것입니다. 또한 많은 그리스 철학자들처럼 물질은 추한 것, 아니 비현실적인 것이기에 죽고 난 후 비물질적인 영이 된 후에 다시 육신을 입는 사람은 아무도 없을 것이라는 견해를 가진 사람도 있었을 것입니다. 비웃은 사람들의 생각이 열려 있지 않았던 것은 분명합니다. 불트만과 같이 그들 역시 바울의 말을 심각하게 받아들이기를 거부했습니다. 그들은 옛 사고방식을 고집했던 것입니다.

하지만 바울의 메시지를 많이 들을수록 우리는 그것을 보다 더 잘 이해하게 될 것입니다. 하나님의 창조 계시는 우리를 막다른 골목으로 밀어붙입니다. 어떻게 우리의 죄라는 짐을 벗어버릴 수 있을까요? 우리 힘으로는 도저히 할 수 없습니다. 그뿐 아니라 우리의 옛 생각으로 추론해서는 이를 이해할 수조차 없습니다. 도덕적으로나 지적으로나 우리는 하나님의 도움이 필요합니다. 우리는 우리를 정신적으로 속박하던 것을 풀고 새로운 것에 대해 적어도 귀를 기울여 보아야 합니다. 누가는 아테네 사람들이 '무엇이나 새로운 것을 말하고 듣는 일로만 세월을 보내는 사람들이었다'(행 17:21)고 말합니다. 이는 의심할 여지 없이 그들의 자랑이었습니다. 하지만 이곳에 바울이 와서 지금껏 그들이 듣지 못한 가장 새로운 메시지를 전했으나 어떤 이들은 그를 비웃었습니다.

이 새로운 메시지는 새로운 매개체, 즉 설교자를 요구합니다. 이 사례에서는 바울이 여기에 해당됩니다. 다가오는 새로운 심판과 그리스도의 부활에 대한 이야기는 하늘에 기록되어 있거나 수확철이 되면 알 수 있는 종류의 것이 아닙니다. 이것은 반복되지 않는 사건, 단 한 차례 일어난 무언가에 대한 이야기입니다. 이 사건은 모든 사람이 아닌 몇몇 사람만이 증언하였으며, 하나님은 이 제한된 증인 그룹을 통해 이 이야기를 온 세상에 전하게 하셨습니다(마 28:18-20).

결국 이 증인들 가운데 일부는 새로운 심판자, 예수에 대한 이야기를 기록했으며, 그 결과 이들은 이 내용을 잘 기억해 더 많은 사람에게 증거할 수 있게 되었습니다. 이 이야기를 믿는 사람들은 유대인의 경전과 이 글들을 한데 묶었습니다. 그들은 유대인의 성경을 '구약', 예수에 대한 이야기를 '신약'이라 불렀습니다. 그리고 이 두 성경은 함께 새로운 기독교 공동체를 지배했습니다.

말도 안 되는 이야기 같나요? 만약 하나님이 우리 죄를 용서하고 우리와 친구가 되기 위해 역사 속에서 활동하셨을 가능성을 받아들인다면 타당하게 들릴 것입니다. 분명 이런 신적인 간섭은 기가 막힌 사건이자 역사상 가장 중요한 사건입니다. 이 일에 초자연적인 사건들이, 특히 구세주의 부활 같은 사건이 수반되는 것은 그리 놀랄 일이 아닐 것입니다. 또한 하나님이 성경이라는 특별한 수단을 사용해 이 이야기를 우리에게 알리신 것도 그리 놀랄 일이 아닙니다. 여러분에게 떠오르는 다른 대안이 있습니까? 1세기에 단 한 차례 일어난 사건에 대해 전하기 위해 다른 어떤 방법을 취할 수 있을까요?

'현대인들'을 대변한다는 불트만 같은 사람들은 성경에 나온 이 개념을 비웃습니다. 하지만 그러한 비웃음은 옛 마음에서 나온 것입니다. 새 마음은 하나님이 전능하다면 자신의 백성을 한 책을 갖고 다스릴 권리와 능력이 있음을 인식할 것입니다. 교만하고 현학적인 현대인들이 이 생각을 비웃는다는 사실은 실제로 유리한 점이기도 합니다. 왜냐하면 이 문제의 책에 따르면 하나님은 '십자가의 말씀이 멸망할 자들에게는 어리석은 것이지만, 구원을 받는 사람인 우리에게는 하나님의 능력'(고전 1:18)이라고 말씀하셨기 때문입니다. 십자가와 마찬가지로 이 거룩한 책도 하나님이 '지혜 있는 자들을 부끄럽게 하시려고'(고전 1:27) 선택한 '어리석은' 수단입니다.

14장
하나님의 기록된 말씀

이 거룩한 책에 대해 좀더 생각해봅시다. 이 책을 통해 하나님에 대해 배워야 할 것이 아직 많기 때문입니다.

우리는 하나님이 우리에게 말씀하신다는 사실을 살펴보았습니다. 하나님은 인격적인 존재이며, 각 위격은 언제나 서로 소통하십니다. 하나님은 피조물과 소통하면서 순종하지 않는 자에게는 심판을, 순종하는 자에게는 축복을 약속하셨습니다. 하지만 자연 속에 나타난 이 계시는 불완전합니다. 그래서 하나님은 바울이 사도행전 17장에서 언급한, 그 신비로운 심판자에 대해 우리에게 알려주기를 원하셨습니다. 바로 죽음을 이기고 일어난 그분 말입니다.

즉 하나님은 우리에게 한 이야기를 들려주기를 원하십니다. 하지만 하나님이 들려주시는 그 이야기를 들으려면 자연 이상의 무언가가 필요합니다. 자연은 여러분에게 항상 있는 어떤 진리를 말해줄 수 있습니다. 하지만 특정한 순간에 일어난 일에 대해서는 아무 말도 하지 못합니다. 이를 위해 여러분에게는 아테네에서 설교했던 바울 같은 스토리텔러가 필요합니다. 누군가 그 이야기를 기록했다면 그것 역시 도움이 되겠지요.

그렇기에 이 계시는 하나님으로부터 와서 스토리텔러에게 전달되고 문서로 기록되었습니다. 하지만 창조 세계에 나타난 계시와 같이 하나님은 스토리텔러와 그 문서만 남긴 채 멀리 떠나지 않으셨습니다. 하나님은 항상 그들과 함께 계시면서 그들을 통해, 또 그들 안에서 그 이야기를 말씀하십니다.

고대 히브리인들은 기록된 이야기들을 대단히 특별하게 여겼습니다. 하나님이 이스라엘 백성을 이집트에서 구원하신 후 모세는 시내 산에서 하나님을 만나 십계명을 받았습니다. 이 십계명에서 하나님은 이스라엘 백성에게 자신이 그들을 노예 생활로부터 건져낸 존재라고 말씀하면서 시작하십니다(출 20:2). 이 이야기와 계명은 하나님이 자신의 손으로 친히 쓰신 돌판에 기록되었습니다(출 24:12, 31:18, 32:16, 34:1). 하나님은 이 문서에서 일인칭으로 말하는 저자일 뿐 아니라 출판인이기도 합니다. 그 후에 하나님은 모세에게 이 돌판들을 가장 거룩한 곳, 지성소의 언약궤 곁에 두라고 하셨습니다(신 31:26). 처음부터 그 글은 하나님 자신과 특별한 관계를 가진 거룩한 책이었습니다. 역사가 진행되는 동안 하나님은 이 말씀에 글을 더하셨고, 결국 그 말씀은 거대한 모음집이 되었습니다(신 32:46-47, 수 24:25-28).

신약성경에서 바울은 자신의 제자, 디모데에게 이 글 모음집을 살펴보라고 강력히 촉구했습니다.

> 모든 성경은 하나님의 영감으로 된 것으로서 교훈과 책망과 바르게 함과 의로 교육하기에 유익합니다. 성경은 하나님의 사람을 유능하게 하고 그에게 온갖 선한 일을 할 수 있게 하는 것입니다(딤후 3:16-17).

'하나님의 영감으로' 되었다는 것은 하나님이 말씀하셨

다는 말과 같습니다. 바울은 그 글들이 하나님의 말씀을 기록한 것과 다르지 않다고 설명합니다. 그러므로 기독교 교회는 지금까지 이 책들을 거룩한 책, 즉 성경으로 여겨 왔습니다.

상류 사회에 속한 누군가 성경이야말로 하나님이 직접 하신 말씀이라고 믿는다고 말한다면, 아마 근본주의자, 광신도, 열광적 복음 전도자 취급을 받거나 그보다 훨씬 나쁜 인신공격을 당하게 될 것입니다. 불트만이 가르쳤듯 '현대인'이라면 이런 견해를 받아들일 리 없기 때문입니다. 하지만 어떤 견해가 맘에 들진 않지만 반박은 할 수 없을 때 사람들은 자주 인신공격이라는 전략을 사용합니다. 이런 인신공격에는 정서가 표현됩니다. 우리는 그런 인신공격을 합리적인 주장으로 존중해서는 안 됩니다. 기껏해야 그들은 초자연적인 것은 그 무엇도 받아들이지 않겠다고 말할 뿐입니다.

하지만 이것은 명백하게 옛 마음이 사고하는 방식입니다. 새 마음은 이 경우 훨씬 열려 있습니다. 새 마음은 이렇게 받아들일 것입니다. '하나님이 우리에게 중요한 메시지를 주고 싶으시다면, 자신의 말씀을 담은 문서 형태로 배

분하는 것이 세상에서 가장 자연스러운 방식 아닐까?'

하지만 옛 생각은 보다 구체적이어서 보다 좋아 보이는 다른 주장을 합니다. 만약 성경이 하나님의 말씀이라면, 오류가 없지 않을까요? 하지만 성경의 각 권이 기록된 이후 어떤 사람들은 성경 속 '실수들'에 대해 불만을 제기해 왔습니다. 가이슬러(Geisler)와 하우(Howe)는 그동안 성경의 진실성에 대해 대략 800여 가지 의문이 제기되었다고 말합니다.[1]

신자들은 이런 질문을 무시해서는 안 됩니다. 하지만 동시에 하나님에 대한 믿음을 강화할 신뢰의 망을 무시해서도 안 됩니다. 성경의 진실성에 불만을 표하는 많은 사람이 유신론적 세계관 자체에도 불만을 표합니다. 유신론적 세계관이 확실하다는 우리의 증거를 다시 한 번 상기해 봅시다. 실로 모든 것이 바로 그 증거 아니었습니까(11장)?

그러므로 누군가 기적과 초자연적인 내용이 많다는 이유로 성경 이야기에 반대한다면, 우리는 그 주장을 바로 묵살할 수 있습니다. 우리는 기적이 가능하다는 것을 압니다. 하나님이 존재하시기 때문입니다. 그리고 그분의 존재에 대한 증거는 압도적으로 많습니다.

하지만 성경과 관련된 다른 문제들은 그리 쉽게 해결되지 않습니다. 성경에 대한 어떤 불만은 초자연적인 것에 대해 일반적으로 거부하는 것과는 다른 성격을 갖고 있기 때문입니다. 예를 들어, 많은 사람이 마태(4:5-10)와 누가(4:5-12)가 광야에서 예수님이 당한 유혹을 서로 다른 순서로 제시하고 있음을 지적했습니다. 마태는 성전 꼭대기에서의 유혹을 두 번째로 기록하지만, 누가는 그것을 세 번째에 두었습니다.

하지만 현대의 역사기록물이 일반적으로 취하는 방식과는 달리 고대 역사가들은 사건을 늘 시간 순서로 배열하지 않았다는 사실에 주목해야 합니다. 이 경우 마태는 유혹을 순서대로 기록했을 가능성이 아주 큽니다. 반면 누가는 이 유혹을 새롭게 배열했는데, 이는 성전 꼭대기에서의 유혹 사건을 절정으로 만들기 위한 것이었습니다. 누가는 마태보다 시간의 구체성을 지시하는 용어를 적게 사용하고 있습니다.[2]

마태나 누가가 여기서 오류를 범했나요? 내가 보기에 누가는 자신이 사건을 정확한 순서대로 제시한다고 주장하지 않았습니다. 그러니 당연히 우리도 정확성이 부족하다고 그에게 오류의 책임을 물어서는 안 됩니다. 특히 누가가 충분히 수긍할 만한 목적을 가지고 이런 불명확성을 사용했다면 더욱 그렇습니다. 어떤 경우든 불명확성을 오류와 동일시할 수는 없습니다. 이는 분명한 소통이 있으면 해결될 문제입니다. 누군가 내 나이를 물을 때 내가 태어난 날짜뿐 아니라 시, 분, 초까지 알려준다면, 이런 지나친 정확성은 진리의 전달에 방해가 될 뿐입니다.

결국 질문은 독자가 어떤 사고방식을 가지고 있느냐에 따라 결정됩니다. 옛 사고방식을 가진 독자는 성경에 이상한 부분, 또는 해석의 문제를 일으키는 부분이 등장할 때마다 자주 거북함을 느낄 것입니다. 그러면 그는 곧장 이 문제가 성경의 오류 때문이라는 성급한 결론을 내리고 맙니다. 반면 새로운 사고방식을 가진 독자는 문제를 흥미롭게 여기면서도 이 문제에 대한 설명을 당장 들어야 한다고 서두르지 않을 것입니다. 새로운 사고방식은 이렇게 생각합니다. '하나님은 이 모든 것을 이해하고 계셔. 그러니 그분이 이런 방식으로 자기 이야기를 말씀하시는 데에는 선한 목적이 있을 것이라고 상상하는 게 어렵진 않아.

내 이야기를 하자면, 경건 생활을 위해 성경을 읽었을

때 문제의 본문에 대한 설명이 필요하다고 느낀 적이 거의 없습니다. 빛을 낼 수 있는 하늘의 별들이 창조되기 전에 (창 1:14-18) 어떻게 지구에 빛과 어둠이 있을 수 있었을까요(창 1:3-5)? 나는 모릅니다. 하지만 새 마음으로 읽을 때, 나는 하나님이 우리가 알지 못하는 메커니즘에 따라 첫 번째 구절에서 빛을 공급하셨고 그 후에 그 빛을 조정하고 유지하기 위해 태양과 달을 주셨을 것이라고 추정합니다. 이런 것은 하나님에게 전혀 어려운 일이 아닙니다.

가인은 어디서 아내를 얻었을까요? 나는 모릅니다. 하나님이 누군가를 어디에선가 데려오셨습니다. 나는 그것을 알 필요가 없습니다. 만약 내가 알아야만 한다면, 하나님이 말씀해 주셨을 것입니다. 내가 다 대답할 수 없다는 사실은 내 믿음에 아무런 영향을 미치지 못합니다. 왜냐하면 압도적인 증거의 기초 위에서 하나님을 믿기 때문입니다.

15장
예수님

여러분이 성경을 계속해서 읽는 한 예수님을 만나지 않을 수 없을 것입니다. 우리는 예수님의 지상 사역에 대해 이야기하는 사복음서에서 뿐 아니라 우리를 죄에서 구원하실 분을 고대하는 구약성경에서도 예수님을 만납니다.[1] 예수님은 친히 율법과 선지자가 자신에 대해 증언했다고 말씀하셨습니다(눅 24:27; 요 5:39 참조). 그리고 모든 신약성경은 예수님이 누구이며 어떤 일을 하셨는지에 대한 이야기로 가득 차 있습니다.

우리가 성탄절에 축하하는, 베들레헴에서 태어난 그 아기가 바로 예수님이었습니다. 하지만 그것이 전부가 아니었습니다. 천사들은 예수님이 태어나실 것을 알려주었습니다(마 1:20-21, 눅 1:26-38, 2:8-14). 내가 처음 대학에 들어갔을 때, 그 학교 교목은 우리가 "천사들의 노래가"(Angels We Have Heard on High)와 "영광 나라 천사들아"(Angels from the Realms of Glory)와 같은 오래된 캐롤을 부르게 했습니다. 그런데 그 후 설교 시간에 그는 이 모든 것을 부정했습니다. 이 중 어떤 것도 실제로 일어나지 않았다는 것이었습니다. 그는 천사들이 예수님을 경배했다는 생각은 '부활 이후에 만들어진 사상'이라고 했습니다. 그 교목이 실제로 부활을 믿었는지조차 확실하지 않습니다. 그는 주로 자신이 믿지 않는 바를 청중에게 말함으로써 깊은 인상을 남기려는 현대 설교자들 중 한 사람이었습니다. 그는 최신 유행하는 옛 마음을 가진 사람이었습니다.

하지만 새 마음을 가진 사람들은 그런 종류의 주장에 설득당하지 않습니다. 정말 하나님이 계시고 천사들이 있다면, 그리고 그 천사들이 하나님의 계획을 조금이라도 알았다면, 그들이 구세주의 오심을 축하하고 싶어 한 것이 전혀 이상한 일이 아닙니다. 아마도 누가는 실제 부활 사건이 일어나기 전까지는 미처 상상하지 못했겠지만 천사들은 상상했습니다.

의심의 여지 없이 예수님은 사람이었습니다. 더 나아가 그분은 선한 사람이었습니다. 하지만 훗날 사도 베드로는 '이 예수는 두루 다니시면서 선한 일을 행하시고 마귀에게 억눌린 사람들을 모두 고쳐주셨습니다. 그것은 하나님께서 그와 함께하셨기 때문입니다'(행 10:38)라고 말했습니다. 예수님은 선한 일을 행하셨습니다. 하지만 그분이 행하신 선은 일반적인 수준을 뛰어넘는 것이었습니다. 예수님은 질병을 치료하시고 필요할 때마다 다른 기적들을 행하셨습니다.

또한 그분은 가르치셨습니다. 예수님의 가르침은 매력적이면서도 당혹스럽게 하는 생명의 길을 제시했습니다. 모든 사람이 원수를 사랑하는 세상에 살고 싶지 않은 사람이 있겠습니까?(마 5:43-48) 하지만 누군가에게 '얼간이'라고 말하기만 해도 지옥 불에 들어가야 하는 그런 세상은 어떻습니까?(마 5:22) 아니면 정욕을 멀리하기 위해 자신의 눈을 뽑아야 하는 세상은요?(마 5:29) 혹은 오른쪽 뺨을 치는 사람에게 왼쪽 뺨도 내미는 그런 세상은 어떻습니까?(마 5:39)

예수님의 윤리는 어색하고, 분명히 비현실적입니다. 하지만 그분의 말씀을 들은 사람들은 다가올 세상에 대한 무언가가 그 말씀에 담겨 있음을 알아챘습니다. "예수께서 이 말씀을 마치시니 무리가 그의 가르침에 놀랐다. 예수께서는 그들의 율법학자들과는 달리 권위 있게 가르치셨기 때문이다"(마 7:28-29).

그리고 사람들은 이를 통해 예수님이 하나님과 특별한 관계에 있다는 사실을 알아차렸습니다. 예수님도 이 특별한 관계를 숨기려 하지 않으셨습니다.

> 예수께서 그들에게 말씀하셨다. "내가 진정으로 진정으로 너희에게 말한다. 아들은 아버지께서 하시는 것을 보는 대로 따라 할 뿐이요, 아무것도 마음대로 할 수 없다. 아버지께서 하시는 일은 무엇이든지, 아들도 그대로 한다. 아버지께서는 아들을 사랑하셔서, 하시는 일을 모두 아들에게 보여 주시기 때문이다. 또한 이보다 더 큰 일들을 아들에게 보여 주셔서, 너희를 놀라게 하실 것이다. 아버지께서 죽은 사람들을 일으켜 살리시니, 아들도 자기가 원하는 사람들을 살린다. 아버지께서는 아무도 심판하지 않으시고, 심판하는 일

을 모두 아들에게 맡기셨다. 그것은, 모든 사람이 아버지를 공경하듯이, 아들도 공경하게 하려는 것이다. 아들을 공경하지 않는 사람은, 아들을 보내신 아버지도 공경하지 않는다. 내가 진정으로 진정으로 너희에게 말한다. 내 말을 듣고 또 나를 보내신 분을 믿는 사람은, 영원한 생명을 가지고 있고 심판을 받지 않는다. 그는 죽음에서 생명으로 옮겨갔다"(요 5:19-24).

예수님의 말씀과 행동이 너무나 독특한 나머지 그분의 제자들은 이 충격적인 주장을 믿을 수밖에 없었습니다. 그들은 예수님을 '야웨'라는 이름과 같은 의미의 헬라어를 사용해 '주님'이라고 불렀습니다. 이 '야웨'라는 이름은 출애굽기 3:15에서 모세에게 알려주신 하나님의 신비로운 이름입니다(롬 10:9, 고전 12:3, 빌 2:11을 보십시오).

그들은 예수님을 '하나님의 아들'이라고 불렀습니다. 이 용어는 때로 헌신적인 사람에게 적용되곤 했으나 예수님의 경우에는 이보다 훨씬 더 위대한 의미가 담겨 있습니다 (마 11:25-27, 요 17:1-5; 참조. 앞서 인용했던 요 5:19-24). 그들은 예수님을 '그리스도'라 불렀는데, 이는 사람들이 기대하던 다윗의 자손이자 시편 110:1에 의하면 다윗의 주이기도 한 인물을 의미합니다. 그리고 그들은 그분을 하나님이라고 불렀습니다.

태초에 '말씀'이 계셨다. 그 '말씀'은 하나님과 함께 계셨다. 그 '말씀'은 하나님이셨다. 그는 태초에 하나님과 함께 계셨다. 모든 것이 그로 말미암아 창조되었으니, 그가 없이 창조된 것은 하나도 없다. 창조된 것은 그에게서 생명을 얻었으니, 그 생명은 사람의 빛이었다. 그 빛이 어둠 속에서 비치니, 어둠이 그 빛을 이기지 못하였다.

하나님께서 보내신 사람이 있었다. 그 이름은 요한이었다. 그 사람은 그 빛을 증언하러 왔으니, 자기를 통하여 모든 사람을 믿게 하려는 것이었다. 그 사람은 빛이 아니었다. 그는 그 빛을 증언하러 왔을 따름이다.

참 빛이 있었다. 그 빛이 세상에 와서 모든 사람을 비추고 있다. 그는 세상에 계셨다. 세상이 그로 말미암아 생겨났는데도, 세상은 그를 알아보지 못하였다. 그가 자기 땅에 오셨으나, 그의 백성은 그를 맞아들이지 않았다. 그러나 그를 맞아들인 사람들, 곧 그 이름을 믿는 사람들에게는, 하나님의 자녀가 되는 특권을 주셨다. 이들은 혈통에서나, 육정에서나, 사람의 뜻에서 나지 아니하고, 하나님에게서 났다. 그 말씀은 육신이 되어 우리 가운데 사셨다. 우리는 그의 영광을 보았다. 그것은 아버지께서 주신, 외아들의 영광이었다. 그는 은혜와 진리가 충만하였다(요 1:1-14; 참조. 요 1:18, 20:28, 행 20:28, 롬 9:5, 딤전 3:15-16, 살후 1:12, 히 1:8, 요일 5:20, 빌 2:6, 골 2:9).[2]

여기서 옛 마음은 완전한 혼란 가운데 빠집니다. '인간이 어떻게 하나님이 될 수 있지? 이 제자들은 미친 것 같아.' 이에 대해 새 마음은 이렇게 대답합니다. '만약 이 세상이 하나님의 세상이고, 하나님이 자신의 아들을 보내 세상을 구원하길 원하신다면, 왜 그것을 거부해야 하지? 예수님을 보내겠다는 하나님의 결심은 그분의 경이로운 사랑을 보여주고 있어.'

16장
예수님의 죽음

하나님의 아들인 예수님은 왜 사람이 되셨을까요? 그분은 우리 대신 죽기 위해, 우리가 하나님께 죄를 범해 당해야 할 죽음을 대신 당하기 위해 오셨습니다.

그러나 이제는 율법과는 상관없이 하나님의 의가 나타났습니다. 그것은 율법과 예언자들이 증언한 것입니다. 그런데 하나님의 의는 예수 그리스도를 믿는 믿음을 통하여 오는 것인데, 모든 믿는 사람에게 미칩니다. 거기에는 아무 차별이 없습니다. 모든 사람이 죄를 범하였습니다. 그래서 사람은 하나님의 영광에 못 미치는 처지에 놓여 있습니다. 그러나 사람은, 그리스도 예수 안에서 얻는 구원으로 말미암아, 하나님의 은혜로 값없이 의롭다는 선고를 받습니다. 하나님께서는 이 예수를 속죄제물로 내주셨습니다. 그것은 그의 피를 믿을 때에 유효합니다. 하나님께서 이렇게 하신 것은, 사람들이 이제까지 지은 죄를 너그럽게 보아주심으로써 자기의 의를 나타내시려는 것이었습니다(롬 3:21-25).

하나님께서 의롭다고 여겨 주실 우리, 곧 우리 주 예수를 죽은 사람들 가운데서 살리신 분을 믿는 우리까지도 위한 것입니다. 예수는 우리의 범죄 때문에 죽임을 당하셨고, 우리를 의롭게 하시려고 살아나셨습니다(롬 4:24-25).

하나님께서는 죄를 모르시는 분에게 우리 대신으로 죄를 씌우셨습니다. 그것은 우리가 그리스도 안에서 하나님의 의가 되게 하시려는 것입니다(고후 5:21).

그리스도께서도 죄를 사하시려고 단 한 번 죽으셨습니다. 곧 의인이 불의한 사람을 위하여 죽으신 것입니다. 그것은 그가 육으로는 죽임을 당하시고 영으로는 살리심을 받으셔서 여러분을 하나님 앞으로 인도하시려는 것입니다(벧전 3:18).

이 하나님의 의는 우리를 향한 하나님의 선물입니다. 우리가 이것을 획득할 수는 없습니다.

여러분은 믿음을 통하여 은혜로 구원을 얻었습니다. 이것은 여러분에게서 난 것이 아니요, 하나님의 선물입니다. 행위에서 난 것이 아닙니다. 그러므로 아무도 자랑할 수 없습니다. 우리는 하나님의 작품입니다. 선한 일을 하게 하시려고, 하나님께서 그리스도 안에서 우리를 만드셨습니다. 하나님께서 이렇게 미리 준비하신 것은, 우리가 선한 일을 하며 살아가게 하시려는 것입니다(엡 2:8-10).

여기서 우리는, 선한 일을 하는 것은 하나님의 선물의 결과이지 그 선물을 가져오는 원인이 아니라는 것을 볼 수 있습니다. 이 선물을 받은 우리는 '그리스도 예수 안에서' 지음 받았기에 선한 행위를 할 수 있습니다.

선한 행위로 구원을 획득할 수 없다면, 구원은 어떤 방법으로 우리에게 주어질까요? 로마서 3:25과 에베소서

2:8에서처럼 성경은 믿음으로 구원을 얻는다고 말합니다. 믿음은 단순한 신뢰입니다. 이것은 하나님이 자신의 약속을 지키실 것이라고 기대하는 것입니다.

아브라함이나 그 자손에게 주신 하나님의 약속, 곧 그들이 세상을 물려받을 상속자가 되리라는 것은 율법이 아니라 믿음의 의로 말미암은 것입니다. 율법을 의지하는 사람들이 상속자가 된다면, 믿음은 무의미한 것이 되고 약속은 헛된 것이 됩니다. 율법은 진노를 불러옵니다. 율법이 없는 곳에는 범법도 없습니다.

이런 까닭에 이 약속은 믿음에 근거한 것입니다. 그것은 하나님이 아브라함에게 이 약속을 은혜로 주셔서 이것을 그의 모든 후손에게도, 곧 율법으로 사는 사람들에게만이 아니라 아브라함이 지닌 믿음으로 사는 사람들에게도 보장하시려는 것입니다. 아브라함은 우리 모두의 조상입니다. 이것은 성경에 기록된 대로 "내가 너를 많은 민족의 조상으로 세웠다" 함과 같습니다. 이 약속은, 그가 믿은 하나님, 다시 말하면, 죽은 사람들을 살리시며 없는 것들을 불러내어 있는 것이 되게 하시는 하나님께서 보장하신 것입니다.

아브라함은 희망이 사라진 때에도 바라면서 믿었으므로 "너의 자손이 이와 같이 많아질 것이다" 하신 말씀대로, 많은 민족의 조상이 되었습니다. 그는 나이가 백 세가 되어서, 자기 몸이 [이미] 죽은 것이나 다름없고, 또한 사라의 태도 죽은 것이나 다름없는 줄 알면서도, 그는 믿음이 약해지지 않았습니다. 그는 하나님의 약속을 믿고 의심하지 않았습니다. 오히려 그는 믿음이 굳세어져서 하나님께 영광을 돌렸습니다. 그는 하나님께서 스스로 약속하신 바를 능히 이루실 것이라고 확신하였습니다. 그래서 하나님께서는 이것을 보시고 "그를 의롭다고 여겨 주셨습니다."

"그가 의롭다는 인정을 받았다" 하는 말은, 아브라함만을 위하여 기록된 것이 아니라, 하나님께서 의롭다고 여겨 주실 우리, 곧 우리 주 예수를 죽은 사람들 가운데서 살리신 분을 믿는 우리까지도 위한 것입니다. 예수는 우리의 범죄 때문에 죽임을 당하셨고, 우리를 의롭게 하시려고 살아나셨습니다(롬 4:13-25).

하나님은 아브라함에게 아들을 약속하셨습니다. 그리고 그 아들은 결국 바다의 모래처럼 많은 자손을 낳을 것이었습니다. 하나님은 아브라함을 위해 그들 모두를 축복하셨습니다. 이 사실은 아브라함이 믿기에는 너무나 엄청난 내용이었습니다. 이미 자신은 백 살이 넘었고 아내인 사라는 자녀를 가질 나이가 지났는데 아들을 낳는다는 게 가당키나 한 일이었을까요? 하지만 결국 아브라함은 너무나 뻔한 반증을 믿지 않고 하나님의 약속을 믿었습니다. 그는 새 마음에 대한 좋은 모델입니다.

하나님은 불가능한 축복을 우리에게도 약속하셨습니다. 바로 예수님의 죽음을 통해 우리 죄를 용서하겠다는 약속입니다. 우리가 해야 할 것은 그저 믿는 것뿐입니다. 요한복음 3:16은 가장 유명한 성경 구절 중 하나입니다. "하나님께서 세상을 이처럼 사랑하셔서 외아들을 주셨으니, 이는 그를 믿는 사람마다 멸망하지 않고 영생을 얻게 하려는 것이다."

구원은 하나님이 예수님에 대해 하시는 말씀을 신뢰하는 데서 옵니다.

앞에서 살펴보았듯이 성경은 아브라함의 믿음과 확률을 따지는 우리의 진부한 판단을 대비시킵니다. 옛 마음으로는 아브라함이 아내와의 사이에서 아들을 가질 것임을 결코 기대하지 못합니다. 옛 마음은 그럴 가능성을 간단히 배제할 것입니다. 구원하는 믿음은 새 마음에게만 가능합니다. 새 마음은 예수님의 죽음을 통해 죄인을 구원하는 일이 하나님에게는 충분히 가능하다고 말합니다.

어떻게 그런 일이 일어날 수 있는지 우리는 모릅니다. 하지만 하나님의 말씀이 이 구원을 약속하고 있으며, 하나님의 말씀보다 더 의지할 만한 것은 아무것도 없습니다. 만약 현대인이 (하나님의 아들의 폭력적인 죽음을 통해 하나님과 바른 관계에 들어가게 하는) 피를 통한 속죄의 개념에 거부감을 느낀다면, 하나님은 그런 문제를 충분히 해결하실 수 있습니다.

그리스도에 대한 믿음은 옛 생각의 추론을 통해서는 주어지지 않습니다.

> 십자가의 말씀이 멸망할 자들에게는 어리석은 것이지만, 구원을 받는 사람인 우리에게는 하나님의 능력입니다. 성경에 기록하기를 "내가 지혜로운 자들의 지혜를 멸하고, 총명한 자들의 총명을 폐할 것이다" 하였습니다. 현자가 어디에 있습니까? 학자가 어디에 있습니까? 이 세상의 변론가가 어디

에 있습니까? 하나님께서는 이 세상의 지혜를 어리석게 하신 것이 아닙니까? 이 세상은 그 지혜로 하나님을 알지 못하였습니다. 하나님의 지혜가 그렇게 되도록 한 것입니다. 하나님께서는 어리석게 들리는 설교를 통하여 믿는 사람들을 구원하시기를 기뻐하신 것입니다.

유대 사람은 기적을 요구하고, 그리스 사람은 지혜를 찾으나, 우리는 십자가에 달리신 그리스도를 전합니다. 그리스도가 십자가에 달리셨다는 것은 유대 사람에게는 거리낌이고, 이방 사람에게는 어리석은 일입니다. 그러나 부르심을 받은 사람에게는, 유대 사람에게나 그리스 사람에게나 이 그리스도는 하나님의 능력이요, 하나님의 지혜입니다. 하나님의 어리석음이 사람의 지혜보다 더 지혜롭고, 하나님의 약함이 사람의 강함보다 더 강합니다(고전 1:18-25).

오히려 그리스도에 대한 믿음은 다른 종류의 지혜에서 옵니다. 바로 이 책에서 새 마음이라 부르고 바울이 그리스도의 마음이라 부른 것입니다.

그러나 우리는 성숙한 사람들 가운데서는 지혜를 말합니다.

그런데 이 지혜는, 이 세상의 지혜나 멸망하여 버릴 자들인 이 세상 통치자들의 지혜가 아닙니다. 우리는 비밀로 감추어져 있는 하나님의 지혜를 말합니다. 그것은, 하나님께서 우리를 영광스럽게 하시려고, 영세 전에 미리 정하신 지혜입니다. 이 세상 통치자들 가운데는, 이 지혜를 아는 사람이 하나도 없습니다. 그들이 알았더라면, 영광의 주님을 십자가에 못 박지 않았을 것입니다.

그러나 성경에 기록한 바 "눈으로 보지 못하고 귀로 듣지 못한 것들, 사람의 마음에 떠오르지 않은 것들을, 하나님께서는 자기를 사랑하는 사람들에게 마련해 주셨다" 한 것과 같습니다. 하나님께서는 성령을 통하여 이런 일들을 우리에게 계시해 주셨습니다. 성령은 모든 것을 살피시니, 곧 하나님의 깊은 경륜까지도 살피십니다. 사람 속에 있는 그 사람의 영이 아니고서야, 누가 그 사람의 생각을 알 수 있겠습니까? 이와 같이, 하나님의 영이 아니고서는, 아무도 하나님의 생각을 깨닫지 못합니다.

우리는 세상의 영을 받은 것이 아니라, 하나님에게서 오신 영을 받았습니다. 그것은, 하나님께서 우리에게 은혜로 주신 선물들을 우리로 하여금 깨달아 알게 하시려는 것입니다. 우리가 이 선물들을 말하되, 사람의 지혜에서 배운 말로 하지 아니하고, 성령께서 가르쳐 주시는 말로 합니다. 다시 말하면, 신령한 것을 가지고 신령한 것을 설명하는 것입니다.

그러나 자연에 속한 사람은 하나님의 영에 속한 일들을 받아들이지 아니합니다. 그런 사람에게는 이런 일들이 어리석은 일이며, 그는 이런 일들을 이해할 수 없습니다. 이런 일들은 영적으로만 분별되기 때문입니다. 신령한 사람은 모든 것을 판단하나, 자기는 아무에게서도 판단을 받지 않습니다. "누가 주님의 마음을 알았습니까? 누가 그분을 가르치겠습니까?" 그러나 우리는 그리스도의 마음을 가지고 있습니다(고전 2:6-16).

17장
예수님의 부활

죽은 구세주에게 영생을 기대하는 것은 무리 아닐까요? 자기 자신도 살지 못했는데 어떻게 우리에게 생명을 가져다줄 수 있겠습니까?

하지만 예수님은 죽었다가 살아나셨습니다. 성경은 예수님의 제자들이 그분을 무덤에 장사 지냈다고 말합니다. 권력자들은 병정들을 보내 그 무덤을 지키게 했습니다. 그 누구도 예수님의 시체를 훔쳐가지 못하게 할 속셈이었지요. 하지만 한 주의 첫날이 밝아올 무렵, 제자들은 무덤에 갔다가 비어 있는 것을 발견했습니다. 그 후로 많은 사람이 여전히 살아 계신 예수님을 보았다고 주장했습니다. 그들은 예수님을 보았고, 그분과 대화했고, 그분과 함께 먹고 마셨으며, 심지어는 그분에게서 새로운 가르침을 받았습니다. 바울은 이를 다음과 같이 요약합니다.

형제자매 여러분, 내가 여러분에게 전한 복음을 일깨워 드립니다. 여러분은 그 복음을 전해 받았으며, 또한 그 안에 서 있습니다. 내가 여러분에게 복음으로 전해드린 말씀을 헛되이 믿지 않고, 그것을 굳게 잡고 있으면, 그 복음을 통하여 여러분도 구원을 얻을 것입니다.

나도 전해 받은 중요한 것을 여러분에게 전해 드렸습니다. 그것은 곧, 그리스도께서 성경대로 우리 죄를 위하여 죽으셨다는 것과 무덤에 묻히셨다는 것과 성경대로 사흘날에 살아나셨다는 것과 게바에게 나타나시고 다음에 열두 제자에게 나타나셨다고 하는 것입니다. 그 후에 그리스도께서는 한 번에 오백 명이 넘는 형제자매들에게 나타나셨는데, 그 가운데 더러는 세상을 떠났지만, 대다수는 지금도 살아 있습니다. 다음에 야고보에게 나타나시고, 그 다음에 모든 사도들에게 나타나셨습니다.

그런데 맨 나중에 달이 차지 못하여 난 자와 같은 나에게도 나타나셨습니다. 나는 사도들 가운데서 가장 작은 사도입니다. 나는 사도라고 불릴 만한 자격도 없습니다. 그것은 내가 하나님의 교회를 박해했기 때문입니다. 그러나 나는 하나님의 은혜로 오늘의 내가 되었습니다. 나에게 베풀어주신 하나님의 은혜는 헛되지 않았습니다. 나는 사도들 가운데 어느 누구보다도 더 열심히 일하였습니다. 그러나 이렇게 한 것은 내가 아니라, 나와 함께하신 하나님의 은혜입니다. 그러므로 나나 그들이나 할 것 없이 우리는 이렇게 전파하고 있으며, 여러분은 이렇게 믿었습니다(고전 15:1-11).

사도행전 17장에서 바울이 곧 오실 심판자, 즉 하나님이 죽은 자 가운데서 일으키신 그분에 대해 설교했을 때 사람들은 조롱했습니다. 우리도 그랬을까요? 죽은 자 가운데서 일어난 사람에 대한 이야기를 믿기란 어렵습니다. 불트만이 지적했듯 현대인에게는 더욱 그렇습니다.

그러나 유대인들과 로마인들이 전파를 막고자 그렇게 노력했음에도 불구하고 사도들의 시대에 많은 사람이 이 이야기를 믿게 되었습니다. 그 증거는 현대의 회의론자들조차 설득할 정도로 강력합니다.

만약 제자들이 그리스도의 시신을 훔쳤다면 어디에 두었겠습니까? 그들 중 일부는 숨긴 장소를 자백함으로 죽음을 면하려 할 수 있었겠지만 그렇게 하지 않았습니다. 만약 그 사건이 사기라면, 왜 그리스도인들은 그 사건을 위해 기꺼이 죽음을 택했을까요? 만약 기독교의 대적들이 그 시신을 훔쳤다면, 기독교가 전파되는 것을 단번에 막기 위해 숨긴 장소를 밝히지 않을 이유가 없지 않습니까?

예수님의 부활에 의구심을 갖는 다른 이론들은 사람들의 동의를 널리 얻지는 못했습니다. 어떤 사람들은 예수님이 죽지 않고 그저 기절했을 뿐이라고 말했습니다. 하지만 부활하신 예수님에 대해 성경은 겨우 목숨만 부지한 사람이 아니라 죽음과 지옥의 문을 정복하신 분으로 묘사합니다. 어떤 사람들은 부활 현현은 환각이거나 환영일 뿐이라고 주장했습니다. 하지만 여러 명의 사람이 (특히 위에서 인용한 본문에서 바울이 언급하듯 '오백 명이 넘는' 사람들이) 동시에 동일한 환각과 환영을 경험하기란 불가능합니다. 또 다른 이들은 부활에 관한 모든 이야기를 전설로 여기며 무시하는 전략을 취합니다. 하지만 이 사건이 있은 후 부활에 대한 설교가 곧바로 선포되었기에, 전설이 만들어지기에는 너무나 시간이 짧습니다.

위에 나온 고린도전서 15:5-9에서 바울은 예수님의 부활이 사실임을 확인해주는 수많은 증인이 있다고 말합니다. 이후에 교회가 들불처럼 일어난 것을 보면 그의 말은 신빙성이 있어 보입니다.

하지만 이것이 전부가 아닙니다. 고린도전서 15장에서 부활에 대한 가장 신뢰할 만한 증거가 등장하는데, 그것은 부활을 반박할 만한 증거의 부족이라든가 증언의 양과 질 등이 아닙니다. 그것은 바로 바울이 고린도 교회를 설립할 때 직접 한 설교입니다. 그 내용을 상기해봅시다.

형제자매 여러분, 내가 여러분에게 '전한' 복음을 일깨워 드립니다. 여러분은 그 복음을 전해 받았으며, 또한 그 안에 서 있습니다. '내가 여러분에게 복음으로 전해드린 말씀'을 헛되이 믿지 않고, 그것을 굳게 잡고 있으면, 그 복음을 통하여 여러분도 구원을 얻을 것입니다. 나도 전해 받은 중요한 것을 '여러분에게 전해 드렸습니다'. 그것은 곧 그리스도께서 성경대로 우리 죄를 위하여 죽으셨다는 것과, 무덤에 묻히셨다는 것과, 성경대로 사흗날에 살아나셨다는 것과…'그러므로 나나 그들이나 할 것 없이 우리는 이렇게 전파하고 있으며, 여러분은 이렇게 믿었습니다'(고전 15:1-4, 11).

이 글에서 내가 한 강조 표시에 주목하십시오. 바울은 계속해서 말합니다.

그리스도께서 죽은 사람 가운데서 살아나셨다고 우리가 '전파하는데', 어찌하여 여러분 가운데 더러는 죽은 사람의 부활이 없다고 말합니까? 죽은 사람의 부활이 없다면, 그리스도께서도 살아나지 못하셨을 것입니다. 그리스도께서 살아나지 않으셨다면, '우리의 선포도 헛되고', 여러분의 믿음도 헛될 것입니다. 우리는 또한 하나님을 거짓되이 증언하는 자로 판명될 것입니다. 그것은 죽은 사람이 살아나는 일이 정말로 없다면, 하나님께서 그리스도를 살리지 아니하셨을 터인데도, 하나님께서 그리스도를 살리셨다고, 하나님에 대하여 우리가 증언했기 때문입니다(고전 15:12-15).

'전했다', '전파했다', '선포했다'라는 바울의 표현에 주목하십시오(ESV에서는 주로 preach라는 단어를 사용—편집자주).

바울은 고린도에서 설교함으로써 고린도 교회를 세웠습니다. 그의 설교는 하나님의 말씀이었습니다. 바울은 다름 아닌 하나님의 스토리텔러였습니다. 하나님은 고린도 사람들이 바울의 메시지를 받아들이도록 하셨습니다(참조. 행 16:14). 만약 바울이 전한 이야기가 거짓이라면, 교회의 기초도 거짓입니다.

그러므로 부활에 대한 가장 중요한 증거는 바로 이것입니다. 부활이 바로 바울이 전한 사도적 설교의 일부였다는 점입니다. 부활은 복음의 일부였습니다. 부활은 하나님 자신의 말씀이었습니다.

결국 예수님의 부활에 대한 주장은 본질적으로 옛 마음이 아닌 새 마음에 호소하고 있습니다. 그것은 우리에게 하나님의 말씀을 듣고 믿으라고 요청합니다. 이 기적에 대한 사실적 증거는 강력하지만, 하나님의 말씀은 그보다 더 강력합니다. 새 마음에게 확실성에 대한 기준은 바로 믿음입니다.

18장
성령

성경 이야기의 다음 부분에서 예수님은 하늘로 올라가십니다(행 1:6-11). 그분은 이 이야기를 세상에 널리 전하는 임무를 교회에 맡기셨습니다(마 28:18-20). 그리고 이제 성령을 보내 그들에게 이 사역을 감당할 능력을 주십니다(행 2:1-4).

신약성경과 구약성경 둘 다 다른 나라들의 다신교에 반대하며 한 분, 하나님에 대한 믿음을 옹호합니다. 하지만 성경의 하나님은 좀 복잡합니다. 한 분 하나님 안에 일종의 신적인 사회가 존재합니다. 비록 하나님은 한 분이시지만, 성부와 성자와 성령이라는 세 '위격'이 존재합니다. 각각의 위격은 동등하지만 구별된 신성을 가지고 계십니다(마 28:19, 고후 13:13). 그래서 각 위격은 서로 대화하고, 서로에게 부탁하며, 서로에 대한 사랑을 표현하고, 서로를 영화롭게 합니다. 이 모든 것은 정말 신비롭습니다. 어떤 의미에서 하나님은 한 분이지만, 또 다른 의미에서 하나님은 세 분입니다(각기 다른 두 의미가 상존할 것입니다. 그렇지 않으면 논리적 모순이 생깁니다). 교회는 세 '위격'에 대해 말해 왔으나, 신적인 '위격'이 정확히 무엇을 의미하는지 정의하거나 제대로 이해하지는 못했습니다. 하지만 새 마음은 우리가 하나님을 정확하게 표현하지 못한다는 사실을 잘 이해하고 있습니다.

성령은 새 마음을 지으시는 분입니다. 그분은 우리 안에 들어오셔서 안에서부터 우리를 새롭게 하십니다(고후 5:17). 성경은 이것을 '다시 태어난다'(요 3:1-15)고 표현합니다. 선택, 느낌, 생각을 비롯한 우리의 모든 것에 영향을 미치는 혁신이 일어난 것입니다. 하나님이 그리스도로 말미암아 우리의 죄를 용서하신 후로 성령께서는 죄가 우리 삶을 지배하게 허락하지 않으실 것입니다(롬 8:9-17). 이 말은 우리가 결코 죄를 범하지 않을 것이라는 말이 아니라

(요일 1:8, 10), 우리가 더 이상 죄의 노예로 살지 않을 것이라는 말입니다(요 8:31-34). 우리는 '안 돼'라고 말할 수 있습니다.

성경은 이 혁신의 과정에서 발생하는 여러 사건을 설명합니다. 새로운 탄생이 일어나는데, 신학자들은 이를 '중생'이라고 부릅니다. 또 성령께서 믿음과 회개를 주시는데, 신학자들은 이 둘을 묶어 '회심'이라 합니다. '칭의'도 있습니다. 이는 최고의 재판장이신 하나님이 그리스도의 의로 말미암아 우리를 의롭게 여겨주신다는 의미입니다(롬 3:21-26). '양자 됨'은 우리가 하나님의 가족의 일원이 된다는 의미입니다(롬 8:14-16). '성화'는 성령께서 우리를 거룩하게 만드신다는 의미입니다(고전 1:2, 엡 5:26, 살전 4:3-4). '영화'는 성화의 완성으로서(고후 4:17) 우리가 하나님의 임재를 누리는 것입니다.

그러므로 새 마음은 깊고 내적인 변화에 따른 결과입니다. 이는 단순히 어떤 견해나 사상의 변화가 아닙니다. 하나님의 성령께서 하시는 사역입니다. 이 새 마음은 우리 삶의 모든 영역을 다스립니다. 또한 우리의 깊은 충성심과 확신을 표현합니다. 이것을 더럽히는 것은 진정한 우리 자신이라고 할 수 있는 우리 존재 자체를 더럽히는 것입니다.

그래서 새 마음은 우리의 옛 마음에 몇 가지 새로운 믿음, 예를 들어 하나님의 존재와 그리스도의 신성 등에 대한 믿음 등을 추가하는 것이 아닙니다. 새 마음은 믿음과 선택과 감정 전체의 새로운 망입니다(5-6장). 우리는 이것이 여전히 예전 방식으로 생각하는 사람들에게 왜 그토록 이상하게 보이는지 이해할 수 있습니다.

19장
성경 읽기

그리스도인들도 비그리스도인들과 똑같은 행동을 많이 합니다. 우리도 아침에 일어나 이를 닦고 옷을 입고 아침을 먹은 후 직장에 가지요. 하지만 비그리스도인들은 전혀 또는 거의 하지 않지만 그리스도인들은 몇 가지 자주 하는 행동이 있습니다. 예를 들면, 성경을 읽고 기도하며 교회에 가는 그런 행동입니다. 이런 행동을 통해 성령께서는 새 마음에 새 힘을 불어넣으십니다. 그러면 새 마음은 다시 우리 삶에 있는 모든 것을 다르게 이해합니다.

이러한 행동들은 구원을 얻는 길이 아닙니다. 16장에서 보았듯 구원은 "하나님의 선물입니다. 행위에서 난 것이 아닙니다. 그러므로 아무도 자랑할 수 없습니다"(엡 2:8-9). 하지만 이 선물을 받은 사람들은 매일 하나님과의 관계를 새롭게 하기 위해 노력합니다. 이를 위해 이 행동들이 중요한 것입니다.

첫째, 우리는 성경을 읽습니다. 그 이유는 성경이 곧 하나님이 우리에게 말씀하시는 것과 다름없기 때문입니다(12-14장을 보십시오). 성경은 우리가 믿는 믿음의 내용이자, 우리 구원에 대한 최초의 이야기입니다. 이 성경을 듣고 또 들으면 우리에게 유익이 있습니다. 우리는 때때로 하나님이 우리에게 하신 일을 잊어버리는 경향이 있습니다. 성경은 이것을 기억나게 해줍니다. 성경은 하나님이 보내신 연애편지와 같습니다.

또한 성경은 하나님이 우리가 무엇을 하길 원하시는지 알려줍니다. 그래서 성경에는 십계명, 산상수훈 같은 명령과 율법이 담겨 있습니다. 우주에서 최고의 권위를 가지신 분께서는 무엇이 옳고 무엇이 잘못되었는지, 그리고 우리가 그분의 기준에 순종하기 위해 어떻게 변화되어야 하는지 성경을 통해 말씀하십니다. 그분이 우리를 너무나 사랑하시기에 우리는 그분을 즐겁게 하기를 원합니다.

하지만 성경은 살인과 간음 같은 도덕적으로 주요한 문제에 대해 말할 뿐만 아니라 실제 우리 생활의 구체적인 부분까지 다룹니다. 예를 들어 잠언은 지혜를 촉구합니다. "이것은 솔로몬의 잠언이다. 지혜로운 아들은 아버지를 기쁘게 하지만, 미련한 아들은 어머니의 근심거리이다"(10:1). 당연히 지혜는 좋은 것이고 미련함은 나쁜 것입니다. 하지만 이 구절은 우리의 행동방식이 부모에게 미치는 영향에 대해 질문하게 만듭니다. 부모는 우리 삶의 방식으로 인해 더 행복해질까요? 이것은 추상적인 도덕에 대한 문자적인 진술 이상의 것입니다.

그러므로 성경은 우리가 던져야 할 많은 질문, 많은 예시, 많은 비유를 통해 선한 삶, 곧 하나님을 기쁘게 하는 삶이 무엇인지 알려줍니다. 이야기, 잠언, 비유 등을 사용해 성경은 하나님께 순종하는 삶과 순종하지 않는 삶의 결과가 어떤지 보여줍니다. 그리스도인은 이런 가르침을 마음 깊이 새겨야 합니다. 이런 가르침은 하나님으로부터 와서 우리 삶을 변화시키기 때문입니다.

성경을 읽을 때 하나님이 우리를 위해 하신 일(신학 용어로 '직설법')과 하나님이 자신을 위해 우리가 하기 원하시는 일, 곧 '명령법' 사이에 중요한 연결점이 있음에 주목해야 합니다. 예를 들어, 골로새서 3:1-4에서 바울은 이렇게 말합니다.

> 그러므로 여러분이 그리스도와 함께 살려 주심을 받았으면, 위에 있는 것들을 추구하십시오. 거기에는 그리스도께서 하나님의 오른쪽에 앉아 계십니다. 여러분은 땅에 있는 것들을 생각하지 말고, 위에 있는 것들을 생각하십시오. 여러분은 이미 죽었고, 여러분의 생명은 그리스도와 함께 하나님 안에 감추어져 있습니다. 여러분의 생명이신 그리스도께서 나타나실 때에, 여러분도 그분과 함께 영광에 싸여 나타날 것입니다.

1절에서 직설법은 우리가 '그리스도와 함께 살려 주심을 받았다'는 것입니다. 이는 그리스도께서 우리를 위해 어떤 일을 하셨는지, 그리고 성령께서 우리를 어떻게 그리스도께 연합시키셨는지 묘사하는 뛰어난 방법입니다. 일반적으로 우리는 그리스도께서 죽은 자 가운데서 살아나셨을 때 우리 자신이 그분과 함께 있었다고 생각하지 않습니다.

하지만 바울은 우리가 어떤 신비로운 방식으로 그분과 함께 있었다고 말합니다(참조. 롬 6:1-11에 나오는 긴 설명). 우리의 중생, 회심, 칭의, 양자 됨, 성화 등 모든 것은 '그리스도와의 연합'의 일부입니다.

하지만 골로새서 3:1에 나오는 그림은 극적이며, 그리스도의 이야기와 연결되어 있습니다. 바울이 생각하기에 우리는 모두 그 이야기의 일부입니다. 우리는 그리스도와 함께 죄에 대해 죽었고, 우리는 그리스도와 함께 의에 대해 살아났습니다. 그리고 그리스도께서 영광 중에 다시 오실 때, 우리는 그분과 함께 있게 될 것입니다(4절).

그러나 다음으로 명령법이 시작됩니다. 만약 우리가 그리스도와 함께 부활해 천국으로 올려졌다면, 왜 이 땅의 문제가 가장 중요한 일인 양 여기는 걸까요? 가장 중요한 것은 천국과 천국의 프로그램입니다. 성경 다른 곳에서는 이 프로그램을 '하나님 나라'라고 부릅니다. 그것은 원수들을 물리치고 모두가 자신의 통치를 인정하게 하시는 하나님의 역사적인 프로젝트입니다. 이 프로젝트는 이 땅에서 예배를 세우는 것입니다. 그러므로 우리는 '위에 있는 것들을 추구'해야 합니다.

바로 이것이야말로 새 마음이 가장 중요하게 여기는 것입니다. 어떤 정치적인 이슈가 제기될 때, 우리는 공화당이나 민주당, 또는 다른 소수 정파의 이익을 구하는 데 큰 관심이 없습니다. 우리의 관심은 하나님 나라에 있습니다. 그러므로 우리는 '가장 성경적인' 대안을 구해야 합니다. 로마서 13:1-7 같은 본문에서 정부가 하나님은 아님을 배우기에, 우리는 정부 자체를 위한 정부의 확장을 구하지 않습니다. 신약성경에는 권한을 남용하고 독재를 일삼으며 하나님 나라를 보호하기보다는 핍박한 정부에 대한 많은 예가 등장합니다. 정부는 우리의 주인도 아니며 구원자도 아닙니다.

하지만 하나님은 정부 관리들을 자신의 종(어떤 번역에는 '사역자')으로 임명하셨습니다. 그리스도인들은 정부 관리들을 세우셔서 범죄자들에게 하나님의 진노를 집행함으로 사회 질서를 유지하게 하시는 하나님께 감사하면서(롬 13:4), 그와 동시에 그들을 존중하고 세금도 납부해야 합니다.

구약과 예수님의 가르침 모두를 포함해 성경에서 가난한 사람들을 돌보는 것은 아주 중요합니다. 선지자들은 가난한 자들을 억압하는 이기적인 행동을 한 이스라엘 백성에게 심판이 임할 것을 경고했습니다. 우리의 사회 질서는 공정해야 합니다. 가난한 사람들에게도 풍요로운 삶을 살 기회를 주는 사회가 되어야 합니다. 하지만 성경은 정부의 조치보다는 가난한 자들을 돕는 많은 방법을 제안합니다(출 23:11, 신 15:1-8, 레 19:10, 25:25, 행 2:44-45). 그러면 우리 마음은 현재 정치적 대화에서 자주 고려되는 것과는 다른 가능성에 대해 열리게 될 것입니다. 종종 새 마음은 전통적인 지혜를 뛰어넘는 행동방식을 인지합니다. 새 마음은 하나님의 말씀에 담긴 지혜를 알기 때문입니다.

20장
기도

하나님은 성경을 통해 우리에게 말씀하십니다. 우리는 기도를 통해 하나님께 말씀드립니다. 그리스도인은 자신의 주님과 양방향의 대화를 나누게 됩니다. 기도에 대해 설명하면서 나는 예수님이 제자들에게 가르치신 주기도문을 사용할 것입니다(마 6:9-13).

기도 가운데 우리는 하나님이 얼마나 놀라운 분인지 고백하면서 하나님을 '찬양'합니다(마 6:9). 이 내용을 들으면 옛 마음은 하나님이 자아도취에 빠진 분이라고 생각할 것입니다. 하지만 새 마음은 (1) 하나님은 이 세상에 있는 다른 무엇보다 찬양받기에 '합당하신' 분이라고 말합니다. 또

(2) 생일이라서, 특별한 무언가를 성취했기에, 또는 그저 사랑하는 마음에 상대방을 귀히 여기는 마음을 표현할 때, 우리는 그 사람과 가장 행복한 시간을 누립니다. 하나님은 우리에게 언제든 하나님을 귀히 여기는 마음을 표현할 기회를 주셨습니다. 이런 기회를 우리가 잡지 않아야 할 이유가 어디에 있을까요?

또한 우리는 하나님께 우리 죄를 '용서'해 달라고 요청합니다. 물론 그리스도 안에서 하나님은 과거와 현재와 미래의 모든 죄를 단번에 용서하셨습니다. 하지만 하나님은 우리가 구체적인 죄에 그리스도의 피를 적용해 달라고 '기도'하기를 원하십니다("우리가 우리에게 죄 지은 사람을 용서하여 준 것같이 우리의 죄를 용서하여 주시고", 마 6:12). 하나님이 심판하지 않고 값없이 용서하실 것이라는 확신을 품은 채 우리의 마음을 무겁게 하는 모든 죄를 그분과 함께 나눈다는 것이 얼마나 다행인지요.

예수님은 자기 백성이 완전히 깨끗하게 되었음에도 불구하고 매일매일 세상에서 더러워지기에 우리가 우리 발을 씻어야 한다는 사실을 이해하셨습니다(요 13:10). 그런데 예수님 역시 우리 발을 씻기셨습니다. 주님은 자기 백성의 주인일 뿐 아니라 언제나 그들의 종이 되셨습니다.

기도를 통해 우리는 하나님께 '감사'합니다. 감사는 찬양과 비슷하지만 보다 구체적입니다. 우리는 우리에게 필요한 것을 공급해 주심('일용할 양식', 마 6:11), 재난으로부터 구해 주심(시편에서 자주 나타남; 예. 시 22:22-24, 107편), 우리와 다른 신자들에게 구원의 축복을 주심(롬 1:8, 6:17, 고전 1:4) 등에 대해 하나님께 감사드립니다. 감사는 우리 삶에 있는 모든 선한 것이 하나님으로부터 왔으며(약 1:17), 우리의 형통함이 우리 자신 때문이 아님을 기억하게 합니다.

마지막으로 기도는 '간구'입니다.[1] 우리는 우리에게 필요한 모든 것을 하나님께 구합니다(마 6:11). 우리 자신뿐 아니라 다른 사람들의 삶에 필요한 음식, 건강, 지혜, 성령의 은사, 은혜 안에서의 성장 등을 구합니다. 바울은 에베소의 그리스도인들을 위해 이렇게 기도합니다.

> 여러분을 두고 끊임없이 감사를 드리고 있으며, 내 기도 중에 여러분을 기억합니다. 우리 주 예수 그리스도의 하나님이신 영광의 아버지께서 지혜와 계시의 영을 여러분에게 주셔서, 하나님을 알게 하시고, [여러분의] 마음의 눈을 밝혀 주

셔서, 하나님의 부르심에 속한 소망이 무엇이며, 성도들에게 베푸시는 하나님의 영광스러운 상속이 얼마나 풍성한지를, 여러분이 알게 되기를 바랍니다. 또한 믿는 사람들인 우리에게 강한 힘으로 활동하시는 하나님의 능력이 얼마나 엄청나게 큰지를, 여러분이 알기 바랍니다.

하나님께서는 이 능력을 그리스도 안에 발휘하셔서, 그분을 죽은 사람들 가운데서 살리시고, 하늘에서 자기의 오른쪽에 앉히셔서 모든 정권과 권세와 능력과 주권 위에, 그리고 이 세상뿐만 아니라 오는 세상에서 일컬을 모든 이름 위에 뛰어나게 하셨습니다. 하나님께서는 만물을 그리스도의 발 아래 굴복시키시고, 그분을 만물 위에 교회의 머리로 삼으셨습니다. 교회는 그리스도의 몸이요, 만물 안에서 만물을 충만케 하시는 분의 충만함입니다(엡 1:16-23).

우리는 혼자 기도합니다. 하지만 다른 그리스도인들과 함께 기도하는 것도 좋습니다. 예수님은 이렇게 약속하십니다. "내가 [진정으로] 거듭 너희에게 말한다. 땅에서 너희 가운데 두 사람이 합심하여 무슨 일이든지 구하면, 하늘에 계신 내 아버지께서 그들에게 이루어 주실 것이다"(마 18:19).

예수님은 자기 백성에게 기도가 이룰 수 있는 것에 대해 풍성한 약속을 주십니다. 예를 들어 '또 너희가 기도할 때에 이루어질 것을 믿으면서 구하는 것은, 무엇이든지 다 받을 것이다'(마 21:22) 같은 말씀이지요. 이 말씀은 마치 우리가 큰 차, 모터보트, 또는 새 시계 등 무엇이든 구하면 즉시 또는 일주일 내에 받을 수 있다는 듯 들립니다. 당연히 그러한 기대는 예수님이 주신 약속의 맥락과는 아무 관계가 없습니다. 예수님은 자신과 자신의 제자들이 함께 사탄과 사탄의 인간 공범자들에 대한 전쟁을 벌이고 있음을 염두에 두고 있습니다. 하나님은 바로 이러한 전쟁 중에 그런 특별한 기도에 응답하십니다.

하지만 옛 마음을 가진 사람들은 종종 '응답받지 못한 기도'를 들어 복음을 반대합니다. 성경은 종종 이 문제를 다룹니다. 기도에 응답하겠다는 하나님의 약속은 무조건적이지 않습니다. 하나님이 응답하시는 기도는 반드시 그리스도의 권위 아래서 '예수 그리스도의 이름'으로 해야 합니다(요 14:13, 16:23-24, 엡 5:20). 이 기도는 하나님의 뜻에 따른 기도이자(요일 5:14-15), 믿음(마 21:22, 막 11:24, 약 1:6)

과 순종(시 66:18, 요일 3:21-22)으로 하는 기도입니다. 성경 역시 기도에 합당한 태도가 있다고 말합니다. 바로 겸손(마 6:5, 눅 18:11-13)과 인내(시 27:14, 눅 6:12, 살전 5:17), 그리고 열심(단 9:19)입니다. 기도 응답이 무조건적으로 완전하게 이루어진다면 이 중 그 무엇도 필요하지 않을 것입니다.

하지만 문제를 더 넓게 보면, 그리스도인과 하나님의 관계는 어린 자녀와 자애로운 아버지와의 관계와 비슷합니다. 아버지는 자녀가 자신에게 도움을 구하기를 원합니다. 그는 자녀가 마음에 품은 모든 소원을 들어주고 싶습니다. 하지만 자녀의 요구를 들어주되, 자녀가 아닌 아버지 자신의 지혜로 판단해 아낌없이 들어줄 것입니다. 새 마음은 이 원리 속에서 아버지의 권리와 사랑을 발견할 것입니다. 그러므로 그는 인내심을 갖고 계속 기도할 것입니다.

21장
교회 출석

앞에서 불신자들은 거의 또는 전혀 하지 않지만 그리스도인들은 자주 하는 세 가지가 무엇인지 말했지요? 바로 성경 읽기, 기도, 그리고 교회 출석입니다. 이번 장에서 논의할 것은 이 중 세 번째입니다.

교회는 단순한 '기독교 동호회'가 아닙니다. 교회는 '그리스도의 몸'이며(고전 12:27) '그리스도의 신부'입니다(엡 5:22-23, 계 21:2, 9, 22:17). 예수님은 각 개인만 위해서가 아니라 교회를 위해 피를 흘리셨습니다(행 20:28). 예수님이 교회를 세우셨다는 사실은 좋은 소식, 곧 복음의 일부입니다. 예수님은 자신이 교회를 보호할 것이기에 '죽음의 문들이 그것을 이기지 못할 것'이라고 우리에게 확신시켜 주셨습니다(마 16:18).

많은 사람이, 심지어 신앙을 고백하는 그리스도인들도 교회 출석을 신앙 생활의 선택 사항으로 여깁니다. 그들은 자신이 피곤하지 않거나 텔레비전에서 스포츠 중계를 하지 않거나 누군가 함께 가자고 하거나 할 때에야 교회에 갑니다. 사람들은 대부분 교회가 극장이나 콘서트장처럼 뭔가를 시청하거나 관람하는 곳이라고 여깁니다. 사람들이 줄지어 놓은 의자에 앉고 지도자들은 앞에 서는 교회의 일반적인 좌석 배치가 오락 산업과 비슷하다는 생각을 부추깁니다. 만약 그게 교회의 핵심이라면, 우리는 교회를 선택 사항으로 여기는 사람들과 마음을 같이해도 무방할 것입니다. 보고 듣는 게 무엇이든 다른 시간에 보고 들을 수 있지 않겠습니까? 설령 누군가 그것을 완전히 놓친다고 해도 별로 해로울 것이 없을 것입니다.

하지만 히브리서 저자는 이렇게 말합니다.

그리고 서로 마음을 써서 사랑과 선한 일을 하도록 격려합시다. 어떤 사람들의 습관처럼, 우리는 모이기를 그만하지 말고, 서로 격려하여 그 날[1]이 가까워 오는 것을 볼수록 더욱 힘써 모입시다(히 10:24-25).

이 저자는 교회 모임을 강연과 음악을 듣는 것이 아니라 모든 신자가 서로를 향한 책임을 다하는 시간으로 보고 있습니다. 물론 그곳에는 지도자들도 있습니다(딤전 3:1-3). 하지만 그들의 역할은 신자들이 서로를 격려하도록 돕는 일이지, 모든 권면과 격려의 책임을 짊어지는 일이 아닙니다(엡 4:11-12; 참조. 고전 14:26). 이 모든 격려에서 가장 중심적인 것은 바로 하나님이 친히 격려자가 되신다는 사실입니다. 하나님은 말씀과 기도와 성례(아래를 보세요) 등을 통해 우리에게 복을 주십니다.

교회 모임에는 전형적으로 성경 읽기(참조. 19장)와 기도(참조. 20장)가 포함됩니다. 성경을 읽으면 일반적으로 그 본문을 해석하고 청중에게 적용하는 가르침도 함께 진행됩니다. 기도는 음악과 입으로 하는 말을 포함합니다. 찬송과 노래는 20장에서 언급한 네 종류의 기도 안에 자주 포함됩니다. 찬송과 노래는 또한 성경을 가르치는 한 방편이 되기도 합니다(19장). 음악은 성경 말씀과 기도가 예배하는 사람들의 마음에 스며들게 하는 데 도움이 됩니다.

예배에는 성경과 기도 외에도 각 개인이 할 수 없는 무언가가 포함됩니다. 성례가 바로 그것입니다. 성례는 복음을 극적으로 표현하고 그 축복과 책임을 예배자들의 마음에 새기는 실물 교육이라 할 수 있습니다. 개신교 교회에는 두 가지 성례가 있습니다. 바로 세례와 성찬입니다.[2] 세례는 교회에 입문하는 예식인데, 신앙을 고백하는 성인이나 부모의 신앙고백에 따라 신자의 자녀에게 주어집니다.[3]

성찬은 예수님이 십자가에 못 박히기 전 제자들과 함께 한 마지막 식사를 통해 제정되었습니다. 예수님은 빵을 떼어 그들에게 주시면서 "이것은 내 몸이다"라고 말씀하시고, 또 포도주를 그들에게 주시면서 "이것은 내 피다"라고 말씀하셨습니다. 이 의식은 복음과 우리를 위한 그리스도의 죽음을 상징합니다. 그리고 예수님의 피를 통해 세워진 새 언약[4]을 우리에게 인칩니다(고전 11:25).

이렇듯 교회는 하나님과 그분의 백성 간의 모임입니다. 말씀과 기도와 성례를 통해 교회는 새 마음을 구성하는 삶의 습관과 생각을 굳게 합니다.

그뿐 아니라 교회는 불신자가 그리스도인이 되는 수단

이 되기도 합니다. 다음 말씀을 들어 보십시오.

> 그러나 모두가 예언을 말하고 있으면, 갓 믿기 시작한 사람이나 믿지 않는 사람이 들어와서 듣고, 그 모두에게 질책을 받고 심판을 받아서 그 마음속에 숨은 일이 드러나게 됩니다. 그래서 그는 엎드려서 하나님께 경배하면서 "참으로 하나님께서 여러분 가운데 계십니다" 하고 환히 말할 것입니다 (고전 14:24-25).

'예언'은 다양한 상황에 따라 다양한 의미를 가질 수 있으나, 하나님의 말씀을 말하는 것이란 의미는 변함없습니다. 오늘날도 여전히 하나님의 말씀은 우리 마음의 비밀을 드러내며(히 4:12-13) 예배를 드리도록 자극합니다. 그러므로 교회에 출석하는 것은 옛 마음으로 생각하기로 결심한 사람들에게는 위험할 수 있습니다. 교회는 하나님이 자기 백성에게 새 마음과 새 생각을 심어 주시는 중요한 곳이기 때문입니다.

22장
세상 속에 있는 교회

교회 출석에 관한 이 모든 논의는 자칫 교회가 사람들이 모이는 하나의 건물인 것처럼 들릴 수 있습니다. 하지만 성경에서 교회는 사람들입니다. 한 교회 목사님은 '교회를 이 공간에 들여온 것'에 대해 감사하면서 예배를 시작합니다. 이는 좋은 표현입니다. 교회는 공간이 아니라 그 공간 안에 있는 사람들, 곧 그리스도의 몸입니다. 예배가 끝나면 이들은 교회를 그 공간 '밖으로' 가지고 나옵니다.

교회의 주요한 책무는 어디론가 '가는' 것입니다. 예수님이 하늘로 승천하기 전에 주신 마지막 명령은 아래와 같습니다.

예수께서 다가와서, 그들에게 말씀하셨다. "나는 하늘과 땅의 모든 권세를 받았다. 그러므로 너희는 가서 모든 민족을 제자로 삼아서 아버지와 아들과 성령의 이름으로 세례를 주고 내가 너희에게 명령한 모든 것을 그들에게 가르쳐 지키게 하여라. 보아라, 내가 세상 끝 날까지 항상 너희와 함께 있을 것이다"(마 28:18-20).

우리는 하나님이 교회의 예배 가운데 역사하심으로 불신자를 신자로 바꾸시는 것을 보았습니다. 하지만 보다 일반적인 방법은 그리스도인들이 공예배를 마친 후 불신자들이 있는 곳으로 가서 복음을 전하는 것입니다(롬 10:13-17). 이를 '전도'라 부릅니다. 어떤 사람들은 이것을 '개종' 시키는 것이라 칭하며 무시합니다. 이 전도가 은혜롭고 부드러운 방식으로 이루어져야 하는 것은 분명합니다(벧전 3:15). 하지만 기독교가 복음 전도의 종교라는 사실을 외면할 수는 없습니다. 성경의 하나님은 모든 사람이 그리스도인이 되기를 원하십니다.

옛 마음에 따르면, 이런 태도는 기독교에서 가장 매력이 떨어지는 특징 중 하나입니다. 비그리스도인들은 세상의 모든 종교나 철학 사이에 별 차이가 없다고 생각하는 경향이 있습니다. 이러한 생각에 기초로 한다면, 종교란 개인적인 견해이며 어느 누구도 다른 사람을 바꾸려 해서는 안 됩니다. 하지만 새 마음에 따르면, 복음은 진리이며 전도는 하나님의 사랑을 표현하는 방식입니다. 그리스도께서 계시지 않는다면, 사람들은 멸망할 것입니다(눅 13:3, 5, 요 3:16, 고전 1:18).

그러므로 그리스도인들은 전도를 억제하고 복음을 표현하지 못하게 하려는 세속 사회의 시도를 인정해서는 안 됩니다. 설교를 막는 권력자들을 향해 사도들이 한 말을 빌리자면, "사람에게 복종하는 것보다 하나님께 복종하는 것이 마땅합니다"(행 5:29; 참조. 4:19-20).

하지만 세상 속에 있는 교회는 직접적인 전도에만 관여하는 것이 아닙니다. 우리가 보았듯 세상 속의 그리스도인들은 삶의 모든 영역에서 주위 사람들과 다르게 생각하고 행동해야 합니다. 바울이 말했듯 "여러분은 먹든지 마시든지, 무슨 일을 하든지, 모든 것을 하나님의 영광을 위하여 하십시오"(고전 10:31).

다른 모든 사람과 마찬가지로 일터에 갈 때, 그리스도인은 자신의 가치관과 함께 갑니다. 사업을 하는 그리스도인은 성경적인 윤리 기준에 따라 사업을 해 나가고자 할 것입니다. 철학, 화학, 생물학, 또는 역사학을 가르치는 그리스도인은 성경과 일치하는 방식으로 가르치려 합니다. 예술 분야에서 일하는 그리스도인은 하나님이 이 세상에 만드신 기쁨과 아름다움을 반영하고자 할 것입니다. 정부에서 일하는 그리스도인은 정부의 한계와 축복에 대한 성경적인 가르침을 존중하려 할 것입니다.

물론 그리스도인들은 자신의 수고와 노력으로 조속한 시일 내에 사회적 변화를 이뤄 낼 것이라는 환상에 매이지 않습니다. 세상과 세상 문화의 광범위한 변화는 사람들의 마음을 회심시키는 성령의 역사 없이는 일어나지 않을 것입니다. 그리고 실제로 이 일은 최후의 심판 이후에 '새 하늘과 새 땅'이 오기 전까지는 일어나지 않을 것입니다. 하지만 그리스도인들은 신실해야 합니다. 그들은 현재 일어나는 문화의 타락을 부채질할 수 없습니다. 오히려 그들은 이러한 타락에 저항하고, 또 저항하는 운동을 지지하는 데 애써야 합니다.

과거에 그리스도인들이 이렇게 했을 때, 선한 결과가 있었습니다. 그리스도인들은 대학과 병원 설립 및 발전, 고아와 미망인 보호, 노예제도 철폐, 그리고 예술활동 증진 등에 있어 중요한 역할을 감당했습니다. 물론 그리스도인이라 해서 항상 최고의 비전에 걸맞는 삶을 사는 건 아니었습니다. 그들도 때로는 옛 사고방식을 주장하는 사람들에게 패배하기도 했습니다. 하지만 결과가 어떻든 그리스도인들은 하나님을 영화롭게 하는 결과를 추구해야 합니다.

그리스도인들이 복음 전도를 억제하려는 세상의 시도를 인정할 수 없는 것과 마찬가지로, 학문, 상업, 정치 또는 일반 문화 속에서 기독교 가치를 표현하려는 노력을 억누르려는 시도 역시 인정할 수 없습니다. 옛 마음은 '종교'라는 주관적인 경험으로 그 종교를 붙드는 사람에게나 가치를 가질 뿐, 사회 형성에는 아무 역할도 하지 못한다는 견해를 전파합니다. 그러나 새 마음에게 복음은 진리이며, 복음에 대한 논쟁은 곧 진리에 대한 논쟁입니다. 그러므로 사람들의 모든 견해에 열려 있는 나라에서 기독교 복음에 '종교'라는 딱지를 붙여 배제해서는 안 됩니다. 기독교는 진리를 주장합니다. 기독교는 다른 철학, 과학 이론, 또는 정치 사상과 마찬가지로 말할 권리가 있습니다.

23장
종교

현대인이 종교에 관한 문화적 편견을 극복할 수 있다고 가정해봅시다.[1] 또한 사람들과 기관들이 종교를 규정할 때 단지 개인적인 경험이 아니라 저마다의 진리 주장을 담고 있는 것으로 기꺼이 고려한다고 가정해봅시다. 그렇다면 현대 사상가들과 기관들은 '참된 종교가 있다면 무엇이 참된 종교인가?'라는 오랜 질문으로 돌아갈 것입니다.

궁극적으로 기독교 신앙이 진리라는 확신은 새로운 사고를 마음에 창조하시는 성령의 사역을 통해 주어집니다. 하지만 우리가 이성적으로 사고할 때 성령께서 우리 안에서 역사하시는 경우도 종종 있습니다. 그렇기에 몇 가지 고려 사항을 제시하겠습니다.

기독교를 제외하고 세상에 있는 많은 종교는 크게 세 종류로 나눌 수 있습니다. 운명론적 종교, 자아실현적 종교, 그리고 율법적 종교입니다.[2] 운명론적 종교는 모든 실재 배후에, 신들과 인간 배후에 있는 비인격적 원리를 숭배합니다. 이에 대한 예로 고대 그리스 종교와 그 외의 여러 다신교 사상이 있습니다. 하지만 비인격적인 원리는 말하지 못합니다(7장을 보십시오). 우리에게 무엇이 선하고 무엇이 악한지, 무엇이 참이며 무엇이 거짓인지 말하지 못합니다. 운명이라는 것과 인격적인 관계를 가진다는 것 자체가 불가능합니다. 그러므로 운명을 믿는다는 것은 그 사람의 삶에 아무 영향을 주지 못합니다. 거기에는 은혜도 구속도 없습니다.

자아실현적 종교에는 힌두교, 불교, 도교 같은 거대한 민족 종교를 비롯해 서양의 영지주의가 포함됩니다. 이런 종교들은 궁극적으로 일원론적입니다. 즉, 그들은 오직 하나의 궁극적인 실체가 존재한다고 가르칩니다. 만약 신들이 존재한다면 그 신들도 우리와 동일한 존재의 일부분이라는 말입니다. 우리가 곧 그 신들이며, 그 신들이 바로 우리입니다. 우리가 그들에게 의존하듯, 그 신들도 궁극적으로는 우리에게 의존하는 셈입니다. 우리의 최종 목표는 우리 자신을 완전하게 하여 신성을 실현하는 것입니다. 이렇게 함으로써 현재 경험의 이분법을 넘어서 선과 악, 옳음과 그름 너머의 세계로 나아갑니다. 그러나 운명론적 종교와 마찬가지로 거기에는 죄로부터의 구속이나 은혜가 없습니다. 그리고 우리가 인지하는 그 죄는 여전히 우리 안에 존재합니다.

세 번째 종류의 종교는 성경에서 비롯되었으나 구속에 대한 내용이 제거되었습니다. 예를 들어 이슬람교의 신은 어느 정도 인격적인 존재입니다. 하지만 무슬림들은 알라와 인격적인 관계를 가진다는 개념을 거부합니다. 그들은 예수님에 대한 기독교의 견해처럼 알라가 역사 안으로 들어온다는 개념을 거부합니다. 알라는 죄를 다루기는 하지만 일관성이 없습니다. 그래서 누구도 알라가 자신에게 자비를 베풀지 아닐지 확신을 가질 수 없습니다. 다른 종류의 종교와 마찬가지로 은혜와 구속은 없습니다.

7장에서 보았듯 오직 성경의 하나님만이 절대적이면서도 인격적입니다. 그러므로 모든 신 중에 오직 하나님만

이 만물을 다스리시며, 우리에게 은혜와 구속을 주시기 위해 우리에게 말씀하십니다. 하나님은 또한 다른 종교들이 우상 숭배라고 규탄하셨습니다(사 40:18-20, 44:8-20, 행 17:22-31, 롬 1:22-23).

24장
철학

기독교의 경쟁 상대로 다른 종교들만 있는 것이 아닙니다. 다른 경쟁 상대로 소위 철학도 포함됩니다. 내가 보기에는 철학에 예배 행위가 없다는 점을 제외한다면 종교와 철학은 그리 다르지 않아 보입니다. 철학에 대한 나의 정의는 '하나의 세계관에 대한 훈련된 해석과 변론'입니다. 세계관이란 형이상학(존재론), 인식론(지식론), 가치론 등을 포함해 실재 전체를 아우르는 개념입니다. 그러므로 그리스도인이든 비그리스도인이든 나름의 철학을 가질 수 있습니다. 하지만 중세 시대를 제외하고 서양에서 철학은 종교의 영향을 거부하는 대체로 세속적인 분야였습니다.

서양 철학은 그리스에서 시작되었습니다. (탈레스, 아낙시만드로스, 아낙시메네스 같은) 고대 그리스의 여러 사상가들은 당시 존재하던 종교철학 대신 이성을 통해 세상을 관찰하기로 결심했습니다. 이성에 대한 그들의 신뢰는 (내가 4장에서 지적한) 지적 자율성에 대한 믿음으로 둔갑했습니다. 그러므로 최초의 철학자들은 '합리주의자'인 셈입니다. 그들은 인간의 이성이 세상에 대한 지식을 획득하기 위해 굳이 인간 외부에 도움을 요청할 필요가 없다고 믿었습니다. 실제로 그들은 인간의 이성이야말로 진리에 대한 궁극적인 기준이라고 믿었습니다.

하지만 소피스트 같은 후대 철학자들은 인간의 이성이 쉽게 실수를 범한다는 사실에 당황했습니다. 서로 다른 사람들이 서로 다르게 추론하고 서로 다른 결론에 도달한 것입니다. 그들은 인간의 이성이 객관적인 진리를 발견할 수 있다는 사실에 의문을 제기했습니다. 그들은 회의론자 혹은 '비합리주의자'가 되었습니다. 하지만 이 비합리주의자들은 추론을 통해 자신의 결론을 주장했습니다. 그들은 다른 의미에서 합리주의자였던 것입니다. 이 합리주의자들은 자율성을 추정한 데 대한 강력한 근거를 갖추지 못했습니다. 그들은 또 다른 의미에서 비합리주의자들이었던 것입니다. 코넬리우스 반틸은 이렇듯 흔들리는 태도를 두고 '합리주의-비합리주의 변증법'이라 표현했습니다. 철학의 역사를 통틀어 합리주의자들은 이성에 대한 자신의 확신을 정당화하지 못할 때 비합리주의로 뛰어들었습니다. 반면 비합리주의자들은 자신의 지적인 완전함을 방어하기 위해 합리주의로 뛰어들었습니다.

나는 이런 패턴이 현대 철학에도 여전히 지속되고 있다고 주장한 바 있습니다.[1] 오늘날 모더니즘 신봉자(대략적으로 합리주의자)와 포스트모더니즘 신봉자(대략적으로 비합리주의자) 사이의 싸움에서도 이러한 구분을 볼 수 있습니다. 하나님의 계시에 대한 신뢰를 위해 자율성을 포기한 기독교만이 우리 이성의 기능을 신적으로 높이지도, 부인하지도 않은 채 이성의 능력과 한계를 적절히 설명할 수 있습니다.

철학이 그리스도인의 생각에 도움이 되는 때는 다음 두 가지 경우입니다. 첫째, 새 마음이라는 전제 조건 아래 기독교적 세계관을 설명하고 논증하는 방식을 형식화할 때입니다. 둘째, 옛 사고방식과 새 사고방식 사이에 존재하는 극명한 차이를 드러낼 때입니다. 때로 반정립(antithesis)이라 불리는 이러한 차이는 철학사 가운데 종종 분명히 드러나곤 했습니다.

25장
도덕

23장과 24장에서 나는 기독교와 기독교의 주요 경쟁자 사이의 논쟁에 대해 논의했습니다. 기독교의 경쟁자로 다른 종교와 철학을 들 수 있습니다. 도덕(윤리)은 기독교를 포함한 대부분의 종교와 철학 체계의 일부이기는 하지만, 따로 논의할 만한 가치가 있습니다.[1]

기독교가 무엇보다 윤리라고 할 수는 없습니다. 하지만 기독교의 주요 메시지는 인간의 윤리적인 반역과 이를 바로잡으려는 하나님의 역사와 관련되어 있습니다. 십계명과 산상수훈에 잘 나타나듯 기독교는 옳고 그름에 대해 많은 말을 합니다. 성경적인 윤리는 서양 문명의 도덕성에 지대한 영향을 끼쳤습니다. 하지만 지난 세기 동안 이 영향력은 먼저 유럽에서, 다음으로 아메리카에서 급속히 줄어들었습니다.

기독교의 도덕 기준을 문화가 거부한 데 대한 가장 명백한 예는 성 윤리 분야에서 찾을 수 있습니다. 분명히 성은 윤리에 대한 문화적 논의에 등장하는 가장 흔한 주제입니다. 오늘날 우리는 동성 결혼에 대한 논의에서, 보다 넓게는 LGBTQ라는 약자로 표현되는 관습에 대한 논의에서 이를 확인할 수 있습니다. 이 분야에서 전통적인 기독교 신앙을 고집한다는 이유로 그리스도인들이 직장을 잃는 사례가 점점 증가하고 있습니다.

하지만 성은 성경에서 중요하게 다루는 주제입니다. 내가 이 책에서도 자주 언급한 로마서 1:18-32에서, 바울은 거짓 신들을 섬긴 첫 번째 결과로 성적인 범죄들을 나열합니다.

사람들은 스스로 지혜가 있다고 주장하지만, 실상은 어리석은 사람이 되었습니다. 그들은 썩지 않는 하나님의 영광을, 썩어 없어질 사람이나 새나 네 발 짐승이나 기어다니는 동물의 형상으로 바꾸어 놓았습니다.

그러므로 하나님께서는 사람들이 마음의 욕정대로 하도록 더러움에 그대로 내버려 두시니, 서로의 몸을 욕되게 하였습니다. 사람들은 하나님의 진리를 거짓으로 바꾸고, 창조주 대신에 피조물을 숭배하고 섬겼습니다. 하나님은 영원히 찬송을 받으실 분이십니다. 아멘.

이런 까닭에 하나님께서는 사람들을 부끄러운 정욕에 내버려 두셨습니다. 여자들은 남자와의 바른 관계를 바르지 못한 관계로 바꾸고, 또한 남자들도 이와 같이, 여자와의 바른 관계를 버리고 서로 욕정에 불탔으며, 남자가 남자와 더불어 부끄러운 짓을 하게 되었습니다. 그래서 그들은 그 잘못에 마땅한 대가를 스스로 받았습니다.

사람들이 하나님을 인정하기를 싫어하므로, 하나님께서는 사람들을 타락한 마음 자리에 내버려 두셔서 해서는 안 될 일을 하도록 놓아두셨습니다. 사람들은 온갖 불의와 악행과 탐욕과 악의로 가득 차 있으며, 시기와 살의와 분쟁과 사기와 적의로 가득 차 있으며, 수군거리는 자요, 중상하는 자요, 하나님을 미워하는 자요, 불손한 자요, 오만한 자요, 자랑하는 자요, 악을 꾸미는 모략꾼이요, 부모를 거역하는 자요, 우매한 자요, 신의가 없는 자요, 무정한 자요, 무자비한 자입니다. 그들은 이와 같은 일을 하는 자들은 죽어야 마땅하다는 하나님의 공정한 법도를 알면서도, 자기들만 이런 일을 하는 것이 아니라 이런 일을 저지르는 사람을 두둔하기까지 합니다(롬 1:22-32).

여기서 하나님은 우상 숭배라는 종교적인 죄를 저지른 사람들을(22, 23, 25절) 성적 부정함에 그대로 내버려 두는 것으로(24, 26-27절) 반응하십니다. 그들은 여전히 하나님을 알지 못합니다. 그래서 하나님은 다시 그들을 버리시되 이번에는 모든 종류의 죄에 대해 그냥 두십니다(28-31절). 그리고 32절은 이 사회에서 사람들이 자신들의 악한 행동을 숨기지 않는다고 말합니다. 부끄러움이 없기 때문입니다. 오히려 그 사회는 자신들의 행동을 정당화합니다.

(역사적 배경에 기독교가 있음에도 불구하고) 이런 일이 현대 서구 사회에서 일어났다는 사실에 대해서는 그것을 입증할 문서 자료가 필요하지 않습니다. 가장 분명한 예로 동성애를 향한 사회적 태도의 변화를 들 수 있습니다. 과거 수천 년 동안 모든 주요 종교들이 이를 죄로 여기고 비

난했으나 동성애 행위는 놀랄 만큼 빠른 속도로 인권 문제가 되어 버렸습니다.

1969년에 스톤월 폭동(Stonewall riot)이 일어났는데, 게이 바를 지지하는 사람들이 경찰 단속에 반격한 사건입니다. 사흘 동안 폭동이 이어졌고, 그 결과 동성애자 권리 수호 운동은 소규모 문단을 넘어선 일종의 거대한 십자군 운동이 되어버렸습니다. 그 이후 언론인, 학자, 연예인, 진보적 정치인 사이의 여론 형성가들은 이전의 관점은 그저 편견에 불과하기에 이제는 인종차별, 성차별과 함께 몰아내야 한다고 주장했습니다. 이 사안들 사이에는 분명한 차이가 존재합니다. 검은 피부로 또는 여자로 태어난 것이 비도덕적이라고 말하는 사람은 없었습니다. 하지만 동성애는 보다 넓은 사회에서 언제나 죄로 인식되어 왔습니다. 진보적인 여론 형성가들은 이 주장을 간단히 무시했으며 자신과 다른 견해를 가진 사람들을 가리켜 편견에 찌들었다고 혹평했습니다.

1969년에서 현재까지의 기간 동안 동성애적 행위를 금하는 법은 거의 다 폐지되었습니다. 지난 10년 동안 동성 결혼에 대한 논쟁이 이어졌습니다. 많은 사람이 전통적인 결혼 제도를 보존하려 노력했습니다. 1996년에는 연방 혜택을 위해 결혼에 대해 한 남자와 한 여자 사이의 관계로 정의하는 혼인보호법(the Defense of Marriage Act, DOMA)이 의회 양원에서 대다수의 찬성으로 통과되었고, 클린턴 대통령도 이에 서명했습니다. 하지만 적지 않은 주에서 동성 결혼을 허가했습니다. 2008년에 캘리포니아주 유권자들은 동성 결혼을 금지를 위한 주 헌법 개정에 관한 주민발의안 제8호를 통과시켰습니다. 그러나 캘리포니아 대법원은 이 법안을 위헌이라고 뒤집어 버렸습니다. 주민발의안 제8호 지지자들 다수가 위협과 모욕을 당했습니다. 지금은 동성 결혼을 반대하는 사람들이, 예를 들어 자기 소유물을 동성애 부부에게 임대하지 않을 경우, 소송당하는 일이 흔한 시대가 되었습니다. 정부 기관 역시 동성애를 죄로 여기던 예전 관점에서, 동성애를 시민의 권리로 보는 새 관점으로 거의 완전히 돌아섰습니다.

철학자들은 일반적으로 도덕 기준은 변하지 않는다고 주장합니다. 도덕적 변화의 속도는 대체로 매우 느렸다는 것이지요. 하지만 동성애에 대한 서구 사회의 태도는 그 변화의 속도가 놀라울 정도입니다. 1969년과 오늘날 상황이 완전히 역전되었으니까요. 어떤 이들은 편협한 사람 취급받기 전에 적어도 이 모든 것을 고찰해 볼 시간이 조금이라도 주어지길 바라고 있습니다.

옛 마음은 모든 집단에게 평등을 제공하는 것이 이 시대에 필요한 (그러므로 올바른) 운동이라고 생각합니다. 이 시대 진보주의자들에게 집단 간 평등은 다른 어떤 것보다 중요합니다. 또한 평등을 추구하는 집단에게 점진적 변화를 위해 기다릴 여지는 거의 없습니다.

하지만 새 마음은 선한 것을 악하다 하고, 악한 것을 선하다 하는 것은 잘못된 사상 운동이며(사 5:20), 현대 사상의 전형적인 특징이라고 생각합니다. 새 마음은 이렇게 질문합니다. 온 나라가 이미 확립된 도덕 기준을 불과 오십 년도 안 되는 기간에 완전히 뒤집어버리는 게 과연 가능한가? 그리고 지혜로운 것인가? 이 질문은 내게 합리적인 질문으로 보입니다. 그리고 이 질문은 옛 마음의 지혜와 도덕적 권위에 의문을 제기합니다.

26장
정치

사람들은 흔히 우리가 도덕을 법제화할 수 없다고 말합니다. 하지만 적어도 시민법이 도덕적인 원리와 일치해야 한다는 사실만큼은 분명합니다. 도덕을 강제할 수 없다 하더라도, 비도덕을 강제해서는 안 됩니다. 그러므로 앞 장과 이번 장 사이에는 분명한 연결점이 있습니다.

그리스도인들은 시시각각 변하는 인간 문화의 견해가 아닌 성경에서 도덕을 끌어오는 것처럼 정치적 견해 역시 성경을 통해 검증해야 합니다. 뉴잉글랜드의 청교도들은 하나님을 만왕의 왕으로 인정하면서 신권 정치를 하겠다고 결정했습니다. 그때 이후로 미국의 그리스도인들은 성경의 시민법이 얼마나 현대 정부에 적용되어야 하는지를 놓고 논쟁을 벌였습니다. 하지만 그들은 언제나 시민법이 성경의 원리를 어겨서는 안 된다고 주장했습니다. 확실한 것은 정부는 적어도 그리스도인들이 하나님께서 규정하신 대로 살 자유를 방해하려 해서는 안 된다는 것입니다. 자신의 믿음대로 살 자유를 얻기 위해 많은 사람들이 북아메리카로 이주했습니다.

그래서 미국 수정헌법 제1조는 다음과 같습니다.

> 연방의회는 국교를 정하거나 자유로운 종교 활동을 금지하는 법률을 제정할 수 없다. 또한 언론, 출판의 자유나 평화로이 집회할 수 있는 권리 및 정부에 청원할 수 있는 권리를 제한하는 법률을 제정할 수 없다.

이 수정헌법은 의회가 (영국의 성공회 같은) 국교, 즉 국교회를 만드는 것을 금합니다. 이 조항은 정부가 종교적인 표현을 하는 것, 또는 종교적인 표현을 정부가 지지하는 것을 금하는 것이 아닙니다. 이는 새로운 국가 안에 연방 차원을 제외한 국교회를 금하는 것도 아닙니다. 당시 여러 주에 국교회가 존재했습니다. 이 수정헌법의 목적 중 하나는 연방정부가 이런 국교회와 경쟁하거나 간섭하는 것을 금하는 것입니다.

이 조항을 확장하는 가운데 법원은 제퍼슨이 했던 교회와 국가 사이의 '분리의 장벽'이라는 표현을 인용하기도 했습니다. 하지만 이 문구는 정부의 공식 문서가 아니라 제퍼슨의 글에 나옵니다. 이 문구는 제퍼슨이 1801년에 댄버리 침례교 협회로부터 편지를 받고 1802년에 쓴 답장에서 가져온 것입니다. 이 편지는 그들의 견해가 연방정부에 의해 검열당하지 않을 것이라는 확신을 심어 줬습니다. 그러므로 '분리의 장벽'은 국가로부터 교회를 보호하는 것이지, 그 반대의 경우가 아닙니다. 비록 법원은 이를 다르게 해석해 왔을지 몰라도, 수정헌법 제1조에는 정부 관리가 직무를 행하는 데 있어 전적으로 세속적이어야 한다는 내용은 없습니다.

그러므로 수정헌법은 '자유로운 종교 활동'을 보호합니다. '종교로부터의 자유', 즉 종교적 표현으로 불쾌하지 않을 권리는 헌법에서 보장하는 기본권이 아닙니다. 하지만 최근 연방정부는 종교인들의 실천에 점점 더 간섭하고 있습니다. 경찰은 낙태 반대 시위를 한 사람들을 함부로 다루고 구금했습니다. 어느 지역에선 오랫동안 해오던 크리스마스 장식이 금지되었습니다. 미군들을 위한 추모식에서조차 십자가 사용에 대해 이의가 제기되고 있습니다. 보건법령은 그리스도인 사업가들에게 그들의 신앙에 반하는 인위적인 피임법과 낙태약까지 보장하는 의료보험을 제공하라고 요구합니다. 군목들은 동성 결혼 주례를 거부하거나 심지어 예수님의 이름으로 기도했다는 이유로 비난을 받아왔습니다.

오바마 행정부는 종교의 자유가 교회 건물 안에서 일어나는 일에 국한되어야 한다고 주장했습니다. (그래서 교회는 낙태에 대한 비용도 보장하는 의료보험 제공 의무로부터 제외됩니다.) 이러한 종교의 자유는 '예배의 자유'를 의미할 뿐입니다. 하지만 이것은 결코 헌법이 제정될 당시 '자유로운 종교 활동'이 의미했던 바가 아닙니다. 22장에서 지적한 대로 종교는 우리가 교회 건물에서 하는 활동에 제한되지 않습니다. 예배가 끝난 후에 우리가 하는 일 또한 종교입니다. 우리의 청교도 선조들은 이 사실을 이해했습니다. 헌법을 제정했던 이들 또한 그랬을 것입니다. 이는 단지 기독교뿐 아니라 모든 종교에 해당합니다. 모든 설교자는 자신의 양들에게 그들이 어디로 가든 자신의 믿음대로 살아야 하며 믿음을 공예배 시간에만 제한해서는 안 된다고 말합니다.

정부가 세상에서 종교적 실천을 금하는 것은 독재입니다. 새 마음으로 세상을 바라보는 사람들에게 이는 명백한 사실입니다. 다른 영역과 마찬가지로 여기서도 옛 마음의 견해는 불합리할 뿐입니다.

27장
과학

기독교에 반대하는 가장 강력한 논증은 아마도 과학과 기독교가 모순된다고 말하는 사람들에게서 오는 것 같습니다. 과학은 사람들에게 대단히 존경받고 있습니다. 이는 과학이 중요한 발견을 많이 해왔으며, 사실상 현대 사회를 정의하는 과학기술을 가능하게 했기 때문입니다. 그러므로 사람들은 과학이야말로 객관적인 진리를 발견하는 데 있어 유일하게 신뢰할 만한 수단이라고 생각해 왔습니다. 여기서 객관적인 진리란 환상이나 기대감이 섞인 견해가 아닌 실제 그대로의 진리를 말합니다. 찰스 S. 퍼스, 루돌프 카르나프, 찰스 헴펠 같은 철학자들도 이런 견해를 가졌습니다. 대중들은 아래와 같은 진술에 익숙합니다.

> 왜 대부분의 사람이 종교와 정치에 대해 논의하기 싫어 하는지 궁금하지 않으신지요? 내 생각에 그것은 종교와 정치 둘 다 모호하기 때문인 것 같습니다. 그러니 이제는 우리의 믿음을 확실한 기초, 곧 우리 대부분 이해할 수 있고, 매일매일의 삶에 영향을 끼치며, 우리가 통제할 수 있는 무언가 위에 세워야 할 때가 아닐까요? 과학. 과학에 대해 생각합시다.[1]

하지만 20세기에 등장한 과학철학자들 가운데 대다수는 반대로 생각했습니다. 마이클 폴라니, 노우드 핸슨, 토머스 쿤, 파울 파이어아벤트, 그리고 알래스데어 매킨타이어 등은 과학과 다른 형태의 인간 사상 사이의 유사점에 대해 역설했습니다. 당연히 과학자들은 과학자이기 이전에 사람이었습니다. 그들이 과학적 연구 과제에 접근할 때 배경이 되는 여러 가정과 경험은 예측 불가능한 방식으로 그들의 관찰과 실험에 영향을 미칩니다. 그들은 과학사에서 나온 배경지식을 갖고 연구 과제를 수행합니다. 이는 이

전에 이루어진 관찰과 실험이 때론 그들의 작업에 '패러다임'(쿤)으로 작용한다는 의미입니다.

결국 과학도 다른 형태의 앎과 같습니다. 과학자는 자신의 '신뢰의 망'(4-6장)에 들어맞는 사실들을 찾아 과거로부터 갖고 있던 믿음, 결정, 감정과 이 사실들을 통합합니다.

과학자들은 단순히 세상에 나가 새로운 사실들을 하나하나 기록하는 게 아닙니다. 그들은 오히려 자신의 과거 경험, 과학적인 패러다임, 그리고 인식론적 전제를 가지고 세상을 바라봅니다. 그런 전제들 중에는 때때로 종교적으로 묘사되는 전제들도 있습니다. 누군가 하나님의 섭리가 세상을 인도한다거나 기적이 일어날 수 있다고 추정할 때 그렇지요. 하지만 만약 우리가 이런 것들을 종교적인 전제로 여긴다면, 왜 그와 반대되는(즉, '섭리나 기적은 없다'와 같은) 전제들 역시 종교적이라고 여겨서는 안 되는 걸까요?

과학은 종교와 같습니다. 단순히 둘 다 전제에 기초를 두고 있기 때문만이 아니라 두 경우 모두 공유하고 있는 전제가 공통된 목적을 가진 사람들의 공동체를 창조하기 때문입니다. 그 공동체의 회원들은 서로를 격려하고, 공동체 패러다임의 관점에서 '정통'을 강요하면서 서로를 도전

하기도 합니다.²

여기서 나는 과학에 대한 일반적인 회의론으로 인도하려는 것이 아닙니다. 단지 기독교를 논박하기 위해 노력하는 과학자들이 흔히 보이는 것보다 높은 수준의 겸손을 장려하려는 것일 뿐입니다. 그리스도인 역시 이러한 덕목을 실천해야 합니다. 특히 필자와 같이 과학 분야에서 광범위하게 교육받지 않았을 때 더욱 그렇습니다.

하지만 내가 언급한 새 마음으로 자연을 바라보는 사람들이 누릴 즐거움도 있습니다. 세상을 향한 이러한 관점은 특별한 종류의 놀라움을 선사합니다. "주님, 주님께서 손수 만드신 것이 어찌 이리도 많습니까? 이 모든 것을 주님께서 지혜로 만드셨으니 땅에는 주님이 지으신 것으로 가득합니다"(시 104:24).³

28장
예수님의 재림

15-18장에 걸쳐 나는 예수님의 인생, 죽으심, 부활, 그리고 성령을 보내심 등에 초점을 두고 성경 이야기를 전했습니다. 19-21장에서는 그리스도인의 삶이 가지는 일반적인 특성에 집중했습니다. 그리고 23-27장에서는 기독교와 비기독교, 철학, 도덕, 정치, 과학 사이에 존재하는 갈등에 초점을 맞춰 전쟁 같은 그리스도인의 삶을 조망했습니다. 이번 장에서는 성경 이야기로 돌아가려 합니다. 우리의 이야기에 아직 엄청난 사건이 남아 있기 때문입니다. 바로 예수님의 재림입니다.

주님께서 호령과 천사장의 소리와 하나님의 나팔 소리와 함께 친히 하늘로부터 내려오실 것이니, 그리스도 안에서 죽은 사람들이 먼저 일어나고, 그 다음에 살아 남아 있는 우리가 그들과 함께 구름 속으로 이끌려 올라가서 공중에서 주님을 영접할 것입니다. 이리하여 우리가 항상 주님과 함께 있을 것입니다. 그러므로 여러분은 이런 말로 서로 위로하십시오(살전 4:16-18).

그리스도의 재림은 교회의 '복된 소망'입니다(딛 2:13). 재림으로 말미암아 우리는 그리스도께서 나타나실 때 우리가 어떻게 될 것인지 기대하며 더 순결한 삶을 추구합니다(요일 3:2-3). 이 재림은 이생에서의 우선순위를 재조정합니다. 왜냐하면 온 세상이 마지막으로 변화할 때 이 세상의 영광은 불타서 사라질 것임을 우리가 알기 때문입니다(벧후 3:10-13). 그러나 예수님을 위해 우리가 한 일은 결코 헛되지 않을 것입니다(고전 15:58). 재림하실 때 예수님은 우리의 신실한 섬김에 대해 상을 베푸실 것입니다(예. 마 5:12, 46, 10:41-42).

모든 인류의 야심찬 계획이 결국 비극적으로 끝날 것이

라는 생각은 옛 마음을 가진 사람들에게는 아주 불쾌하게 들릴 것입니다. 비기독교적 과학과 철학은 지구가 항상 동일한 법칙과 규칙에 의해 진행해왔으며, 앞으로도 영원히 그럴 것이라는 균일설이라는 사상에 많은 투자를 했습니다. 물론 자연이 지금까지 '비교적' 균일했다는 사실을 의심하는 사람은 없을 것입니다. 우리 경험이 말해주기 때문이지요. 하지만 자연이 항상 같은 방식으로 작용해왔으며, 앞으로도 무한정 그럴 것임을 증명하는 것은 불가능합니다. 또한 여러 자연 사건에 대한 궁극적인 설명이 비인격적인 실체와 비인격적인 법칙에 지배받고 있음을 증명하는 것도 어렵습니다. 세속적인 사상가들은 일종의 맹목적인 믿음을 가지고 이런 견해를 믿습니다. 그러나 이런 식이라면 하나님 마음의 상대적인 불변성에 의해 자연의 통일된 행동을 설명하는 것이 차라리 쉽지 않을까요? 현대인들이 그리스도인의 재림 교리에 대해 반응하는 방식은 사도 베드로가 당대에 '조롱'한다고 묘사한 자들이 반응하던 방식과 똑같습니다.

(그들은) 이렇게 말할 것입니다. "그리스도가 다시 오신다는

약속은 어디 갔느냐? 조상들이 잠든 이래로, 만물은 창조 때부터 그러하였듯이 그냥 그대로다." 그들이 이렇게 말하는 것은, 하나님의 말씀으로 하늘이 오랜 옛날부터 있었고, 땅이 물에서 나와 물로 말미암아 형성되었다는 것과 또 물로 그때 세계가 홍수에 잠겨 망하여 버렸다는 사실을, 그들이 일부러 무시하기 때문입니다. 그러나 지금 있는 하늘과 땅도 불사르기 위하여 그 동일한 말씀으로 보존되고 있으며, 경건하지 못한 자들이 심판을 받아 멸망을 당할 날까지 유지됩니다(벧후 3:4-7).

베드로는 그리스도의 재림을 믿기 위해서는 새 마음의 관점이 필요하다고 말합니다. 성경에 따르면, 자연의 활동이 완벽하게 일정하지는 않은데 그 이유는 자연의 활동이 일련의 기계적이고 비인격적인 원리에 기초하지 않기 때문입니다. 자연의 활동은 인격적인 절대자의 결정에 기초해 있기에, 우리에게 예상 밖의 놀라움을 선사할 수 있습니다. 노아의 홍수 때 일어난 이 같은 일은 언제든 다시 일어날 수 있습니다. 이번에는 물이 아닌 불의 심판이겠지요. 지구의 안정성을 창조했던 하나님의 말씀은, 인격적인 하나님이 때가 이르렀다고 생각하셨을 때 파멸을 가져왔습니다(5절). 동일한 일이 앞으로도 일어날 수 있습니다.

이 경우, 성경은 하나님이 아직까지 심판하지 않으신 이유를 친절하게 설명합니다.

> 사랑하는 여러분, 이 한 가지만은 잊지 마십시오. 주님께서는 하루가 천 년 같고, 천 년이 하루 같습니다. 어떤 이들이 생각하는 것과 같이 주님께서는 약속을 더디 지키시는 것이 아닙니다. 도리어 여러분을 위하여 오래 참으시는 것입니다. 하나님께서는 아무도 멸망하지 않고, 모두 회개하는 데에 이르기를 바라십니다(벧후 3:8-9).

심판은 아직 임하지 않았습니다. 하나님이 자신이 선택한 모두가 죄에서 회개하고 그리스도를 믿기를 기다리시기 때문입니다. 아마 이 책을 읽고 있는 여러분도 그 가운데 속할 것입니다.

새 마음의 관점에서 보면, 자신을 영화롭게 하기 위해 세상을 만드신 하나님이 친히 그 세상에 사는 사람들을 심판하고 죄의 결과를 제거할 때를 정하시는 게 이치에 맞습니다. 어리석은 예언들은 모두 무시해야 합니다. 그 날과 시각을 아는 이는 아무도 없습니다(마 24:36). 사람들은 자주 종말의 때에 대해 사색하고 공상하고 싶어 합니다. 하지만 성경에서 실제로 무엇을 말씀하시는지에 집중하고, 그 안에서 추정하고 세계관을 정립한다면, 여러분은 예수님이 심판을 위해 재림하신다는 교리야말로 성경 이야기의 필연적인 절정일 수밖에 없음을 깨달을 것입니다.

29장
맺음말

이 책에서 나는 사람들이 현재의 학문적, 문화적 맥락에서 교육받는 사고방식과는 아주 다르게 생각하는 것이 가능하다고 주장했습니다. 나는 이런 사고방식을 '새 마음'이라 불렀습니다. 물론 어떤 의미에서는 전혀 새로운 것이 아니지만 말입니다. 이것은 하나님이 우리에게 원하시는 사고방식이자 인류가 타락과 더불어 거부한 사고방식입니다.

이 책을 통해 적어도 옛 사고방식을 당연히 여기지 않게 되었기를 바랍니다. 배움은 비판적인 사고를 가르치고 널리 인정받는 권위에 의문을 제기하는 것입니다. 나는 여러분이 오늘날 흔히 볼 수 있는 회의론보다 더 깊은 회의론, 곧 회의론자들에 대해 회의적으로 생각하는 습관을 배우기를 바랍니다.

우리 모두가 전제를 가지고 있음을, 그렇기에 우리 모두가 이미 존재하는 생각의 망 속에 새로운 사상을 통합시키려 노력하고 있음을 이해하십시오. 무엇을 증거로 여기느냐 하는 것은 각 망마다 서로 다릅니다.

이 책을 통해 옛 사고방식은 편견이 없고 중립적이며 객관적인 데 반해, '종교적' 사고방식은 주관적인 공상이라는 견해에 의문을 제기하게 되었길 바랍니다. 다음에 누군가 기독교 교리를 즉각 거부하거든, 그 교리에 대한 믿음을 누군가 어떻게 설명할지 한번 생각해 보십시오.

하지만 조금만 더 마음을 열어 성령의 영향력을 받게 될 때, 여러분은 이상하게도 설득력 있는 이야기 속으로 인도될 것입니다. 즉, 이 세상은 하나님의 세상이며, 하나님이 자신의 아들을 보내셔서 그 아들이 죄인들을 위해 죽었고 다시 살아났으며 영광 중에 올 것이라는 이야기 말입니다. 그때 여러분은 이 이야기가 사실이기를 '원하고 있음'을 알게 될 것입니다. 우리 같은 죄인이 하나님의 용서를 얻는 다른 방법이 있을까요? 그리고 여러분은 증거가 일제히 이 이야기 속의 진리를 향하고 있음을 알게 될 것입니다. 결국 여러분은 예수님께 자신을 드리게 될 것입니다.

여러분의 마음을 그리스도께 드릴 때 여러분의 마음과 생각과 삶에 심오한 변화가 일어날 것입니다. 하지만 이것은 그리 어렵지 않습니다. 예수님을 여러분의 구세주, 죄를 용서하기 위해 여러분 대신 죽으신 분으로 믿으십시오. 그리고 예수님을 여러분이 순종해야 할 주인이자 궁극적인 권위자로 믿으십시오.

성경과 기도와 교회를 통해 여러분은 주님과 계속해서 연결될 수 있습니다. 그리고 언젠가 여러분은 이 새로운 세계관이 이 시대 대안들에 대항해 정당성을 놀랍게 입증해 내는 것을 직접 경험할 것입니다. 그리고 속히 예수님이 놀라운 영광 가운데 오실 것입니다.

미주

서문

1. 다음과 같은 책들이다. *Doctrine of the Knowledge of God* (Phillipsburg, NJ: P&R Publishing, 1987)(『신지식론』, 개혁주의신학사. 이하 *Knowledge*). ; *Apologetics to the Glory of God: An Introduction* (Phillipsburg, NJ: P&R Publishing, 1994)(『개혁파 변증학』, 개혁주의신학사. 이하 *Apologetics*); *Cornelius Van Til: An Analysis of His Thought* (Phillipsburg, NJ: P&R Publishing, 1995).

2. Cornelius Van Til, "Why I Believe in God" (Philadelphia: Committee on Christian Education, Orthodox Presbyterian Church, n. d.). *Cornelius Van Til*, 330-336에서 나는 이 작품에 관해 설명하고 논평했다.

3. Covenant Media Foundation을 통해 이 자료들을 사용할 수 있었다.

4장 믿음과 자율성

1. 내가 쓴 책 *Knowledge*에서 일반적인 용어를 사용해 기독교 인식론을 표현하려고 노력했다.
2. 하지만 *Knowledge*를 보라.

5장 어떤 이유로 무언가를 믿는다는 것

1. 토마스 리드(Thomas Reid)는 '상식'을 지식에 대한 주요한 출처로 보는 주장을 발전시켰다. 보다 최근에 앨빈 플랜팅가(Alvin Plantinga)와 다른 학자들도 이 주장을 더욱 발전시켰다.
2. '망'(web)이라는 표현은 철학자 윌러드 콰인(Williard Quine)과 관련되어 있다.

6장 믿음, 의지, 느낌

1. 예를 들어, 내가 쓴 *Knowledge*를 보라.
2. 물론 이들 모두 한꺼번에 일어나지는 않을 것이다. C. S. Lewis는 자신을 '잉글랜드 전체에서 가장 의기소침하고 주저하는 회심자'라고 묘사했다. C. S. Lewis, *Surprised by Joy: The Shape of My Early Life* (San Francisco: HarperOne, 2017), 279(『예기치 못한 기쁨』, 홍성사)을 보라. 하지만 그것이 목적이다. 그리고 하나님은 루이스가 언젠가 놀라운 기쁨을 경험하도록 하셨다.

7장 성경 속 하나님의 유일성

1. 내가 쓴 책 *Doctrine of God*을 보라. 특히 1-7장을 주목하라.

8장 왜 하나님을 믿는가?

1. 나의 삼중적 이해에 따르면, 타당성은 규범적이고, 건전함은 상황적이며, 설득력은 존재론적이다.

11장 만물이 하나님에 대한 증거다

1. Vern Poythress, *Redeeming Science* (Wheaton, IL: Crossway, 2006), 13-31.
2. Poythress, *Redeeming Science*, 18.
3. Poythress, *Redeeming Science*, 20.
4. Poythress, *Redeeming Science*, 20.
5. Poythress, *Redeeming Science*, 22.
6. Poythress, *Redeeming Science*, 23.
7. Poythress, *Redeeming Science*, 24.
8. Poythress, *Redeeming Science*, 24-26. 이는 성경이 자신의 말씀(성자)과 자신의 영으로 세상을 창조하신 하나님(성부)에 대해 말하고 있기 때문이다.
9. *Doctrine of God*, 160-182와 *Apologetics*, 149-190에서 이 중에 몇 가지에 대해서 다뤘다. 이들 중 대부분에게 있는 문제는 그들이 성경의 하나님을 옛 사고방식의 추론으로 방어하려 한다는 것이다.

10. 첫 번째 반응은 규범적이고, 두 번째는 상황적이며, 세 번째는 존재론적이다.

14장 하나님의 기록된 말씀

1. Norman Geisler and Thomas Howe, *When Critics Ask* (Wheaton, IL: Victor Books, 1992), 10.
2. 성경의 문제에 대한 다른 예시들과 그 문제에 우리가 어떻게 반응해야 하는지 보기를 원한다면, 내가 쓴 *The Doctrine of the Word of God*, 183-200을 보라.

15장 예수님

1. 예수님에 대한 보다 중요한 몇 가지 구약의 예언: 창 3:15, 시 2:7-12, 22장(전체), 110:1-4, 사 7:10-14, 9:6-7, 35장(전체), 40:1-8, 42:1-4, 52:7-53:12, 59:1-20, 61:1-11, 단 7:13-14, 9:24-27, 미 5:2, 슥 9:9-13, 12:10, 말 3:1-4, 4:1-5. 이 말씀들은 그리스도께서 탄생하시기 수백 년 전에 기록되었다. 이 말씀을 읽고 예수님에 대해 생각하라.
2. 성경에 나타난 그리스도의 신성에 대해 더 철저하게 알고 싶으면, 내가 쓴 *Doctrine of God*, 644-685를 보라.

20장 기도

1. 내가 열거한 네 가지 형태의 기도는 머리글자를 딴 ACTS라는 말로 요약할 수 있다. 찬양(adoration), 회개(contrition), 감사(thanksgiving), 간

구(supplication). 그리스도인에게는 이 두음문자가 무엇에 대해 기도해야 할지 기억하는 데 유용할 것이다.

21장 교회 출석

1. 그 '날'은 분명히 심판의 날을 의미한다.
2. 로마가톨릭 신도들은 다음 일곱 가지 성례를 인정한다. 세례와 성찬 외에도 견진성사, 고해성사, 혼인성사, 성품성사, 병자성사 등. 개신교인들은 성사를 두 가지로 제한하는데, 그 이유는 그리스도께서 자신의 모든 백성을 위한 은혜의 수단으로 직접 제정하신 의식만을 성례로 인정하기 때문이다.
3. 이것은 대다수 개신교 신자들이 행하는 것이다. 하지만 침례교인들은 이 세례의식을 오직 스스로 지적인 신앙 고백을 할 수 있는 사람들에게로 제한하므로 영아에게 세례를 베푸는 것을 반대한다.
4. 언약은 하나님과 그분의 백성 사이의 관계로서, 우리를 하나님의 계명에 복종하게 하며, 그리스도 안에 있는 새 생명이라는 축복을 향한 문을 활짝 열어준다.

23장 종교

1. 내가 생각하기에 종교에 대한 최고의 정의는 '삶의 모든 영역에서 드러나는 믿음의 활동'으로서 이는 야고보서 1:26-27에 잘 제시되어 있다. 진정한 믿음을 가졌다고 스스로 주장하는 것은 이 정의의 일부다.
2. 내 책 *Doctrine of the Christian Life*, 57-71에서 나는 윤리와 관련한

이 세 가지에 대해 보다 광범위하게 논의했다.

24장 철학

1. *A History of Western Philosophy and Theology*에서.

25장 도덕

1. 윤리적인 문제를 포괄적으로 다룬 자료를 원한다면, 내 책 *Christian Life*를 보라.

27장 과학

1. 앙헬 산체스(Angel Sanchez)가 *the Escondido Times-Advocate*의 편집장에게 쓴 편지(1983년 4월 28일).
2. Kuhn, *The Structure of Scientific Revolutions* (Chicago: University of Chicago Press, 1970), 176-181(『과학혁명의 구조』, 까치글방).
3. 피조 세계에 나타난 하나님의 지혜를 보는 데 도움을 얻고 그리스도인의 관점에서 과학을 종합적으로 분석한 글을 원한다면, Vern Poythress, *Redeeming Science: A God-Centered Approach* (Wheaton, IL: Crossway, 2006)을 보라.

참고 문헌

Frame, John M. *Apologetics to the Glory of God*. Phillipsburg, NJ: P&R Publishing, 1994. (『개혁과 변증학』, 개혁주의신학사)

_____. *Cornelius Van Til: An Analysis of His Thought*. Phillipsburg, NJ: P&R Publishing, 1995.

_____. *The Doctrine of the Christian Life*. Phillipsburg, NJ: P&R Publishing, 2008. (『기독교 윤리학』, 개혁주의신학사)

_____. *The Doctrine of God*. Phillipsburg, NJ: P&R Publishing, 2002. (『신론』, 개혁주의신학사)

_____. *The Doctrine of the Knowledge of God*. Phillipsburg, NJ: P&R 1987. (『신지식론』, 개혁주의신학사)

_____. *The Doctrine of the Word of God*. Phillipsburg, NJ: P&R Publishing. (『성경론』, 개혁주의신학사)

_____. *A History of Western Philosophy and Theology*. Phillipsburg,

NJ: Publishing, 2015. (『서양 철학과 신학의 역사』, 생명의말씀사)

_____. *Salvation Belongs to the Lord*. Phillipsburg, NJ: P&R Publishing. (『조직신학개론』, 개혁주의신학사)

_____. *Systematic Theology*. Phillipsburg, NJ: P&R Publishing, 2013. (『존 프레임의 조직신학』, 부흥과개혁사)

Geisler, Norman, and Thomas Howe. *When Critics Ask: A Popular Handbook on Bible Difficulties*. Wheaton, IL: Victor Books, 1992.

Kuhn, Thomas. *The Structure of Scientific Revolutions*. Chicago: University Chicago Press, 1970. (『과학혁명의 구조』, 까치글방)

Lewis, C. S. *Surprised by Joy: The Shape of My Early Life*. San Francisco: HarperOne, 2017. (『예기치 못한 기쁨』, 홍성사)

Poythress, Vern. *Redeeming Science: A God-Centered Approach*. Wheaton, IL: Crossway, 2006.

성경 색인

구약

창세기
1:1 80
1:3-5 144
1:14-18 144
3 95
3:6 71
3:15 240n1
6:5 72

출애굽기
3:15 149
6:7 85
20:2 139
23:11 181
24:12 139
31:18 139
32:15 139
34:1 139

레위기
19:10 181
25:25 181

신명기
4:20 85
7:6 85
15:1-8 181
18:22 40
32:46-47 139

여호수아
24:25-28 139

욥기
23:1-7 117
31:35-37 117
38-42 51
38:3 117
42:6 117

시편
2:7-12 240n1
19:1 51
22 240n1
22:22-24 185
27:14 188
66:18 188
104:24 113, 226
107 185

110:1 149
110:1-4 240n1
111:10 53
139 85

잠언
1:7 53
10:1 177

이사야
5:20 215
7:10-14 240n1
9:6-7 240n1

35 240n1
40:1-8 240n1
40:18-20 204
42:1-4 240n1
44:8-20 204
52:7-53:12 240n1
59:1-20 240n1
61:1-11 240n1

다니엘
7:13-14 240n1
9:19 188
9:24-27 240n1

미가
5:2 240n1

하박국
2:18-19 83

스가랴
9:9-13 240n1
12:10 240n1

말라기
3:1-4 240n1
4:1-5 240n1

신약

마태복음
1:20-21 146
4:5-10 142
5:12 228
5:22 147
5:29 147
5:39 147
5:43-48 125, 147
5:46 228
6:5 188
6:9 183
6:9-13 183
6:11 185
6:12 184
7:28-29 148
10:41-42 228

11:25-27 149
16:18 190
18:19 186-187
21:22 188
24:36 232
28:18-20 134
28:19 170

마가복음
11:24 188

누가복음
1:26-38 146
2:8-14 146
4:5-12 142
6:12 188

13:1-5 126-127
13:3 197
13:5 197
18:11-13 188
24:27 145

요한복음
1:1-14 151
1:14 85
1:18 151
3:1-5 172
3:3 22
3:16 197
5:19-24 148-149
5:36 40
5:39 145

6:44 88
8:31-34 173
10:38 40
13:10 184
14:11 40
14:13 187
16:23-24 187
17:1-5 149
20:28 151

사도행전
1:3 40
1:6-11 171
2:1-4 171
2:44-45 181
4:19-20 197
5:29 197
10:38 147
13:48 88
14:17 125
16:14 88, 169
17 137, 165
17:11 40
17:21 133
17:22-31 204
17:25 81
17:27 125
17:29-31 130-131
17:32 132
20:28 151

로마서
1 93, 106, 123, 126
1-3 94
1:8 185
1:18 70, 71, 88, 103, 106, 197
1:18-20 51
1:18-32 210
1:19-20 70
1:19-21 106
1:20 87, 123
1:21 71, 87
1:21-23 94
1:22-23 204
1:22-32 210-212
1:23 71
1:24-27 94
1:25 71
1:28 71
1:28-31 212
1:28-32 94, 124
1:32 212
3:21-25 153-154
3:21-26 173
3:25 155
4 107
4:13-25 156-157
4:24-25 154
5:12-21 95
6:1-11 179
6:17 185
8:8 130
8:9-17 172
8:14-16 173
8:28 119
8:35 118
8:39 119
9:5 151
9:20 117
10:9 149
10:13-17 196
13:1-7 180
13:4 180

고린도전서
1-3 53
1:2 173
1:4 185
1:18 135, 197
1:18-25 160
1:27 136
2:6-16 160-162
2:16 65
10:31 197
11:25 192
12:2 83
12:3 149
12:27 189
14:24-25 193
14:26 191
14:29 40
15:1-4 167-168
15:1-8 40
15:1-11 164-165
15:5-9 167
15:11 168
15:12-15 168
15:58 228

고린도후서
4:17 173
5:17 65, 124, 172
5:21 154
6:16 85
13:14 172

에베소서
1:16-23 185-186
2:8 156
2:8-9 175-176
2:8-10 88
4:11-12 191
5:20 187
5:22-23 189
5:26 173

빌립보서
2:6 151
2:11 149

골로새서
2:9 151
3:1 178
3:1-4 178

데살로니가전서
4:3-4 173
4:16-18 228
5:17 188
5:21 40

데살로니가후서
1:12 151

디모데전서
3:1-13 191
3:15-16 151

디모데후서
3:16-17 139

디도서
2:13 228

히브리서
1:8 151
4:12-13 191
10:24-25 190-191

야고보서
1:6 188
1:17 185
1:26-27 241n1

베드로전서
3:15 196
3:18 154-155

베드로후서
3:4-7 229-230
3:5 231
3:8-9 231
3:10-13 228

요한일서
1:8 173
1:10 173
3:2-3 228
3:21-22 188
5:14-15 188
5:20 151

요한계시록
15:3-4 119
21:2 189
21:3 85
21:9 189
22:17 189